• *Col·lecció: El Cullerot – 10* •



# La cuina de l'Àvia Remei

Remei Ribas Aguilera

Cossetània Edicions

Primera edició: setembre del 2001
Segona edició: octubre del 2001
Tercera edició: novembre del 2001



Edita: Edicions Cossetània
C/ Germans de Sant Gabriel, 16, 2n, 2a. 43800 Valls.
Tel. i fax 977 60 25 91
A/e: cossetania@cossetania.com
http//: www.cossetania.com

Fotografies de la portada:
Pere Queralt

Disseny i composició: Imatge-9, SL

Impressió: Gràfiques Moncunill, SL

ISBN: 84-95684-22-5

Dipòsit legal: T-1.173-2001

# *Índex*

SOPES I ESCUDELLES



PEIXOS



CARNS

# *Pròleg*

*Josep Pla va escriure que l'única cuina que val la pena conservar és "la nostra vella cuina de família", que és una forma d'anomenar la cuina tradicional. Això, que ja era important en els seu temps, ara ha adquirit una importància primordial.*

*En efecte: en aquests temps de globalització i de nacionalismes d'estat que intenten destruir o homogeneïtzar les identitats nacionals, la cuina tradicional esdevé també un senyal d'identitat. O, si més no, d'"identificació", és a dir, de complicitat amb un conjunt de trets —llengua, costums, dret i, és clar, cuina—. Defensar la cuina familiar o tradicional catalana doncs, és aportar elements també significatius de la reconstrucció d'un país que, entre França i Espanya, vol ser ell mateix.*

*Però, a més, ara cal afegir-hi un altre argument. Després d'un temps en què hi havia potser un cert desequilibri entre la cuina creativa i la tradicional a favor de la segona, ara la situació és ben diferent. La bona salut de què gaudeix al nostre país la cuina d'autor ha fet que, en molts casos, la cuina tradicional sigui menystinguda i arrasada per tota mena d'imitadors —no sempre reeixits— de les grans estrelles culinàries i per un progressiu desconeixement, i deteriorament, de les seves mateixes bases.*

*No obstant això, tant a casa com al restaurant, mantenir la "nostra vella cuina familiar" és una penyora no solament de salut gastronòmica, sinó també de bon estat de salut del país, ara força malmès. I és, al mateix temps, una penyora de bons gustos, de bons plats, de bon menjar: justament, tot el que trobem en aquest llibre de l'Àvia Remei. Un llibre que "es menja", literalment, ja que se'ns presenta ple de tota mena de plats que poden satisfer espectatives diverses i que ha de contribuir, també, al manteniment d'una cuina que no hauria de desaparèixer.*

**Jaume Fàbrega**

# *Presentació*

Avui, dia de la Mare de Déu de Núria, començo aquest llibre que parlarà de la cuina catalana. Receptes antigues extretes de les explicacions de diferents àvies catalanes que són mestresses de casa i que s'han dedicat a servir a la família; gràcies a elles sabem la manera de cuinar tal com es feia anys enrera. Així també he consultat alguns llibres dedicats a la cuina catalana antiga. Total però, aquestes receptes que exposaré són fruit de molts anys de cuinar per a la meva família, amics i coneguts. Espero, doncs, poder aportar les meves receptes perquè no es perdi cap tradició.

Dedico aquests escrits al meu marit i als meus fills amb tota l'estimació de mare, així com pels meus néts perquè recordin la cuina de l'À-via Remei.

Dóno gràcies a tothom per la seva generositat en vers la meva persona.

Gràcies

Àvia Remei
8 de setembre de 1998

## *Salsa de Blanes*

✔ ***Ingredients***

alls i julivert
tomàquet (poc i sense llavors)
vinagre
sal i oli
pebre

✔ ***Preparació***

Barregem tots els ingredients i els triturem. Després ho guardem en un pot de vidre a la nevera i ja podem anar-la consumint.

## *Allioli*

✔ ***Ingredients***

alls
oli d'oliva
sal

✔ ***Preparació***

Perquè ens surti un bon allioli hi posem molts alls. Els piquem en el morter juntament amb la sal corresponent una bona estona perquè quedin tan picats com sigui possible. Anem tirant rajolins d'oli mentre remenem amb la mà de morter. Puja consistent. Anem amb compte de no afegir més oli del necessari, ja que es negaria.

## *Salsa per a tot a la francesa*

✔ ***Ingredients***

alls i julivert
suc de llimona
orenga
sal i oli
pebre

✔ ***Preparació***

Barregem tots els ingredients i els triturem. Després ho guardem en un pot de vidre a la nevera per tal que es conservi millor.

## *Maionesa*

✔ ***Ingredients***

1 rovell d'ou
alls
oli
vinagre
patata bullida

✔ ***Preparació***

Piquem els alls en el morter amb un pols de sal. Un cop estiguin ben aixafats li tirem dos trossos de patata bullida que estigui freda i la piquem juntament amb els alls. Tirem un rovell d'ou i remenem fins que quedi ben integrat a la mescla. Seguidament ja tirem l'oli ben a poc a poc, remenant contínuament amb la mà de morter, i comprovem com va quedant molt consistent. Finalment tirem unes gotes de vinagre, i si ens queda molt espès unes gotes d'aigua. Si li posem la patata és molt difícil que se'ns negui.

# *Salsa per als calçots*

✔ ***Ingredients***

1/4 kg d'ametlles torrades
5 tomàquets escalivats
5 alls escalivats
2 alls secs
1 molla de pa amb vinagre
1 nyora seca posada en remull (sense pell)
pebre negre
sal i oli
avellanes
julivert trinxat

✔ ***Preparació***

Tallem els tomàquets per la meitat i els posem cap per avall sobre unes graelles a les brases si en tenim, i sinó al forn. Quan ja s'hagin cuit per aquesta banda els hi donem la volta. De la mateixa manera escalivem els alls sense pelar-los. A la nyora, que ja tindrem remullada, li traiem la pell amb un ganivet; tot seguit fem el mateix amb els alls i els tomàquets. A continuació posem tots els ingredients en un atuell per triturar-los amb la batedora elèctrica. Després posem sal, oli i pebre negre procurant que quedi tot en la justa mesura. Finalment, quan tot estigui ja ben barrejat, guardem la salsa a la nevera tapada.

Aquesta salsa es conserva bona durant molts dies i, si la posem al congelador, fins i tot suporta mesos en bones condicions.

# *Samfaina*

### ✔ *Ingredients*

1 ceba grossa
pebrot verd
pebrot vermell
tomàquet
sal
sucre
pebre negre

### ✔ *Preparació*

En una paella sofregim la ceba tallada a la juliana amb una mica de sal (és molt important tirar la sal a la ceba). Després, a mig fer la ceba tirem el pebrot verd i el pebrot vermell tallats petits, i després el tomàquet abundant amb un pols de sucre i de pebre negre. Si és per fer bacallà amb samfaina ho deixem coure força estona; si, en canvi, és per fer-ho amb pollastre o conill no cal deixar coure-ho tant ja que la carn es cou juntament amb això.

*A l'apartat del bacallà expliquem com s'ha de fer amb carn, conill, pollastre, pops, calamars i algun altre peix. El secret de la samfaina es troba en posar la sal a la ceba i que els tomàquets estiguin ben madurs, a més de tirar-li un pols de sucre i pebre negre.*

# *El sofregit*

El sofregit és la base de molts plats; però, què és un sofregit? Com es fa? És molt senzill, per començar ens cal: oli d'oliva, oli de girasol, llard, mantega o qualsevol greix equivalent a l'oli. En segon lloc tallem una ceba ben petita i la deixem enrossir a la paella amb l'oli (o equivalent) calent. Un secret molt senzill perquè ens quedi bé es tirar-li la sal a la ceba mentre l'estem fregint, mai després. Aleshores, quan la ceba està ja cuita, procedim segons el que ens interessi cuinar. Per exemple:

***Per a fer arròs de peix***

Quan tenim la ceba a mig fregir tallem un pebrot verd i un vermell i ho coem una mica. Després hi tirem el peix que volem posar a l'arròs. Afegim tot seguit el tomàquet. Si el peix és del tipus que es desfà convé que el retirem de la cassola i l'incorporarem quan l'arròs estigui gairebé cuit.

***Per a fer arròs mar i muntanya***

Peix: sobretot que sigui ben fresc. Sípia, rap, congre, gambes i/o musclos. No es gaire recomanable el peix d'espina. En canvi ho és per fer fumet per a l'arròs, triturat i colat.

Carn: conill, costella de porc, pollastre (molt típic a València).

# Amanides i entrants

## Amanida d'arròs amb herbes aromàtiques

**✔ *Ingredients***

arròs
1 tomàquet
1 ceba
1 ou dur
1 cullerada de vinagre
1 cullerada de mostassa
3 cullerades d'oli
sal
pebre
olives
herbes aromàtiques (orenga i julivert)

**✔ *Preparació***

Barregem tots els ingredients (excepte les olives) i ho fem ben remenat. Bullim l'arròs procurant que quedi una mica fort i el passem després per aigua freda. L'arròs el podem servir barrejat amb la salsa d'ingredients que hem preparat abans, o bé amb la salsa a part perquè cadascú es serveixi la quantitat que vulgui.

A l'hora de servir l'amanida procurem que l'arròs tingui una bona presentació i el guarnirem amb tomàquet i olives. La servim freda.

# Amanida d'arròs amb bolets

**✔ Ingredients**

arròs
pernil
tomàquet madur
bolets de temporada
1 ceba
sal i oli
anxoves
ous durs
olives negres
vinagre
mostassa
enciam

**✔ Preparació**

Posem a bullir l'arròs i després el passem per aigua freda per a tallar la cocció. Tallem tots els altres ingredients ben petits. Ho barregem amb l'arròs i ho posem en un motlle rodó, allargat o rectangular, que ja hem passat per aigua freda perquè no costi treure després la barreja. El tindrem unes dues hores a la nevera perquè agafi consistència.

Mentrestant prepararem una vinagreta amb sal, oli, pebre negre, mostassa, etc. Aleshores traiem del motlle l'arròs, el col·loquem a sobre d'un llit d'enciam tallat a la juliana i el reguem amb la salsa vinagreta que acabem de fer. Podem posar un bol de maionesa a part, que també queda molt bé. Tanmateix el podem guarnir amb marisc fresc.

## *Amanida de cigrons*

***✔ Ingredients***

- cigrons cuits
- 1 tomàquet
- 1 ceba
- 1 all
- 1 ou dur
- enciam
- olives
- julivert
- oli
- vinagre
- pebre negre
- pebre vermell

***✔ Preparació***

Aquesta amanida se serveix freda i resulta molt adient per a l'estiu. Tallem el tomàquet, l'enciam i la ceba a trossets ben petits. Ho barregem amb els cigrons cuits i l'ou dur tallat. Fem una vinagreta amb oli, vinagre, all esmicolat, pebre i sal. Tot ben remenat o, si es prefereix, triturat amb la batedora. Aboquem aquesta vinagreta per sobre de l'amanida i ja la tenim a punt.

## *Amanida de gambes a la menta*

***✔ Ingredients***

- cues de gamba
- 2 iogurts naturals
- 1 enciam
- fulles de menta
- sal i pebre

***✔ Preparació***

Bullim les cues de gamba amb una mica de sal, les pelem i les escorrem. Amb la batedora elèctrica batem els dos iogurts, les fulles de menta, la sal i el pebre i ho deixem reposar a la nevera una mica. Amanim mentrestant les fulles d'enciam amb les gambes i les acompanyem amb la salsa de iogurt en una salsera a part.

# *Cargols amb escamarlans*

✔ ***Ingredients***

cargols
escamarlans
1 ceba grossa
oli
sal
pebre negre
pebre vermell dolç
1 tomàquet
1 tros de xocolata negra
herbes aromàtiques (farigola...)
julivert
1 got petit de vi blanc sec

✔ ***Preparació***

Rentem els cargols i els posem en una olla amb aigua fins que arrenquin el bull, llavors els traiem i els canviem a aigua neta. Repetim aquesta operació tres cops en total. Després els posem una altra vegada en una olla amb aigua neta, sal i herbes aromàtiques. Els bullim molta estona, aproximadament 1 hora i mitja. Els escorrem i els reservem en l'escorredora.

En una cassola amb una mica d'oli hi posem els escamarlans nets, els hi donem un tomb i els reservem a part. Tallem la ceba el més petita possible i la deixem que s'enrosseixi.

Després afegim el tomàquet ratllat i un pols de pebre i que els donem uns tombs. Tirem els cargols a la cassola i un raig de vi blanc sec, pebre negre i després els escamarlans. Si queda poc suc hi tirem una mica d'aigua. Fem una picada d'alls i una mica de xocolata. Deixem que faci xup-xup i li tirem julivert trinxat per sobre.

# *Castanyes amb costelló*

✔ ***Ingredients***

costella de porc tallada petita
castanyes
2 tomàquets
vi o conyac
pebre negre
1 cullerada de farina
1 ceba
sal
oli

✔ ***Preparació***

Salpebrem la costella i la sofregim en una cassola, li tirem per sobre el vi o el conyac i després la guardem a part. En el mateix oli fem un bon sofregit amb el tomàquet i la ceba, al qual li posem una cullerada de farina per espessir-lo i hi afegim un xic d'aigua. Deixem que cogui una mica. A part bullim les castanyes uns 25 minuts. Les pelem i les tirem a la cassola juntament amb el costelló. Afegim un xic més d'aigua i deixem que cogui, a foc baix, uns 45 minuts o més si cal, fins que quedin les castanyes toves.

Queda millor si fem aquest plat d'un dia per l'altre.

# *Croquetes (base)*

### ✔ *Ingredients*

1 ceba grossa
llet
farina blanca de blat
farina de blat de moro
pa ratllat o farinade galeta
1 ou
sal
julivert

### ✔ *Preparació*

Sofregim una ceba ratllada. Li afegim la llet, la farina blanca de blat i la farina de blat de moro. Remenem molt bé la pasta fins que quedi ben homogènia. Seguidament li barregem l'ingredient escollit per a les croquetes (pernil, formatge, pollastre, etc.). Deixem que es refredi i, un cop la pasta està freda, ja podem fer les croquetes amb la forma que ens agradi més. Arrebossem les croquetes amb la farina de galeta, després per ou batut i una altra volta amb farina de galeta, d'aquesta manera no es desfan al fregir. Les fregim amb oli ben calent. Les presentem en una safata plana amb julivert picat pel damunt.

# *Escalivada*

✔ ***Ingredients***

pebrots verds
pebrots vermells
cebes
albergínies
patates amb pell
alls
sal
oli
vinagre
julivert (opcional)

✔ ***Preparació***

La millor manera és fer-ho amb brases. Untem els pebrots i les albergínies amb oli i els posem a escalivar a les brases. Una vegada estiguin fets és millor que els deixem refredar. A continuació els pelem i els retirem les llavors. Els posem en una escorredora i els deixem que treguin tota l'aigua. Agafem cebes que no siguin massa grosses, així evitem que es quedin crues per dins. Després ho amanim amb alls tallats petits, julivert, sal, oli i vinagre. També podem fer l'escalivada al forn o al microones.

*A l'Empordà se serveix acompanyada d'anxoves i torrades.*

# *Mandonguilles*

### ✔ *Ingredients*

1 quilo de carn picada de vedella
1 quilo de carn picada de porc
farina blanca
pa ratllat
alls
julivert
2 ous
sal
pebre

**Per al sofregit**

1 ceba
1 tomàquet
alls
julivert

### ✔ *Preparació*

Barregem les dues carns en un bol amb els alls i el julivert tallats petits, la sal, el pebre, els ous i el pa ratllat. Ho treballem bé. Amb aquesta pasta elaborem les mandonguilles més o menys grans —tot depèn del gust de cadascú—, encara que si les volem fer servir per acompanyar la sípia, gambes o escamarlans ens va millor fer-les petites, o bé si les volem fer servir d'acompanyament amb pèsols llavors les fem més grans.

Una vegada fetes les mandonguilles les passem per farina blanca o pa ratllat, les fregim i les reservem en un plat. Colem l'oli sobrant i el fem servir per fregir la ceba. A mig coure afegim el tomàquet, l'all i el julivert. Per últim afegim les mandonguilles. Les deixem coure poc, ja que les hem fregit prèviament, solament perquè agafin el gust del sofregit.

Si les fem amb pèsols convé que els coguem a part i els afegim a última hora per tal que no es desfacin. Si les fem amb sípia convé que coguem la sípia tapada en una cassola i la deixem bullir fins que quedi tova. El sofregit el fem a part de la mateixa manera.

# *Pa amb tomàquet*

✔ ***Ingredients***

llesques de pa
tomàquets madurs
oli d'oliva

✔ ***Preparació***

Què més senzill que sucar pa amb tomàquet. Doncs bé, tinguem present una recomanació i és que, si el pa està cuit amb llenya, millor que sigui del dia abans. Posem les llesques planes, tallem el tomàquet madur per la meitat i comencem a sucar el pa per la part de la crosta i després pel mig de la llesca. D'aquesta manera ens queda millor i estalviem tomàquet, ja que a l'estrènyer la crosta surt més suc.

*No cal que posem sal al pa amb tomàquet, ja que quan el mengem acostumem a fer-ho acompanyat de menjars ja salats com poden ser: pernil, anxoves, embotits, truites, etc.*

# *Patates braves*

✔ ***Ingredients***

patates
sal i oli

***Per a la salsa***

alls
fulles de julivert
pebre negre en gra
patata bullida freda
1 rovell d'ou
sal
oli d'oliva

✔ ***Preparació***

Per a fer patates braves triem patates que no es desfacin al bullir. Un cop cuites les passem per la paella perquè s'enrosseixin una mica. La salsa és una mena d'allioli però amb més ingredients. En un morter trinxem alls, pebre en gra, fulles de julivert i sal. Un cop tot estigui ben aixafat li afegim un trosset de patata bullida i freda; seguidament, quan estigui ben barrejada, li tirem un rovell d'ou i continuem remenant. Finalment només ens cal lligar-ho amb un rajolí continu d'oli. Servim les patates amb la salsa al damunt.

# *Pinya amb pernil*

✔ *Ingredients*

pinya natural o de llauna
pernil dolç tallat prim
sucre

✔ *Preparació*

Posem a escalfar una pala de cremar sucre. Tallem la pinya a talls petits d'un centímetre i mig aproximadament. Cada llesca de pernil la posem plana i fem una filera de trossets de pinya. Els enrotllem amb el pernil com si fos un caneló. Els anem posant en una safata plana o plat i els cobrim amb una capa fina de sucre. Amb la pala cremem el sucre com si fos crema. I ja ho podem servir.

## *Arròs a la cassola amb bacallà sec*

### ✔ *Ingredients*

- 400 g d'arròs
- 1 ceba
- 2 tomàquets
- 1 pebrot verd
- 1 pebrot vermell
- 200 g de bacallà morro sec
- 200 g de pèsols
- 3 carxofes
- julivert
- oli d'oliva
- sal
- 3 alls

### ✔ *Preparació*

Escalfem l'oli en la cassola i li tirem la ceba trinxada amb una mica de sal (per al sofregit és millor tirar-li la sal a la ceba). A mig fer li tirem els pebrots trinxats. Mentre el sofregit es cou agafem el bacallà sec i el posem a escalivar a les brases o simplement amb una graella al gas. Un cop escalivat, a raig d'aixeta li esbandim la sal que queda a sobre. Llavors el desfilem i l'incorporem al sofregit.

Li donem un tomb, li afegim el tomàquet i després l'aigua corresponent. Quan bull li aboquem l'arròs, les carxofes i els pèsols. Fem una picada d'alls i julivert i li la tirem per sobre. Procurem apagar el foc abans que l'arròs estigui del tot cuit i ho tapem perquè reposi una mica abans de servir-ho.

*No hem d'oblidar que el bacallà sec ja porta sal, per la qual cosa no en posarem més.*

# *Arròs amb sardina*

✔ ***Ingredients***

arròs
sardines
ceba
pebrots verds
pebrots vermells
tomàquet
aigua o fumet de peix
alls i julivert
oli i sal

✔ ***Preparació***

Fem un sofregit amb la ceba i els pebrots, sobretot amb pebrots verds. Després afegim el tomàquet, els alls i el julivert picats al morter. Incorporem l'aigua o el fumet. Quan bulli això tirem l'arròs. Tres o quatre minuts abans que estigui cuit —procurem que quedi una mica sucós i cru— tirem les sardines netes i sense cap ni tripa. Per últim tapem la cassola i la deixem reposar uns tres minuts aproximadament.

*És un plat de quaresma molt apreciat a l'Alt Empordà ja que és un plat de pescadors molt antic*

# *Corona d'arròs*

## ✔ *Ingredients*

arròs
pebrot verd i pebrot vermell (escalivat o fresc)
pernil dolç o pernil salat
tonyina en oli
pèsols
blat de moro
bacó
alls i julivert
ous durs
ceba
tomàquet

## ✔ *Preparació*

Bullim l'arròs, els pèsols i el blat de moro. Després ho passem per aigua freda perquè no quedi tou. Ho barregem amb la resta d'ingredients com si fos una ensalada. Agafem un motlle de tipus corona i el passem per aigua freda, sense eixugar-lo. Emmotllem la barreja tota ben comprimida. La deixem en el motlle a la nevera perquè quedi ben presa. Passades unes hores ho desemmotllem i li fem els guarniments que vulguem. Al centre de la corona hi posem un bol amb maionesa, salsa de tomàquet o bé una vinagreta.

# Pastís fred d'arròs

## ✔ Ingredients

200 g d'arròs
150 g de pèsols
2 tomàquets
2 ous
1 pastanaga
1 pebrot verd
1 pebrot vermell
enciam (opcional)
tonyina
pernil dolç
sal i oli

## ✔ Preparació

Bullim l'arròs i el passem per aigua freda. A part bullim els pèsols i la pastanaga. Tallem els tomàquets, els pebrots, els ous, el pernil dolç, la tonyina i, si és que en posem, l'enciam. Ho amanim amb sal, oli i vinagre, si així ho volem. Un cop tot barrejat ho introduïm en un motlle rodó o en forma de corona. Convé comprimir-ho bé, ja que així a l'hora de desemmotllar-ho no es desfarà. Ho deixem reposar unes hores a la nevera.

Finalment, els guarniments queden a la imaginació de cadascú.

## Canelons d'espinacs

### ✔ Ingredients

canelons
1 fulla de llorer
1 pastilla de brou de carn
espinacs
llard
panses de Corint
pinyons
pernil
oli
mantega
formatge ratllat
sal

### ✔ Preparació

Posem les panses en remull. Rentem els espinacs, els deixem ben nets i els bullim (necessiten molt poca estona). Els escorrem de seguida i els tallem a trossos ben petits. Passem els pinyons per la paella amb oli o llard amb una mica de pernil ben petit i les panses remullades. Tot seguit incorporem els espinacs i ho coem tot plegat. Bullim els canelons en una olla amb aigua, el llorer i un raig d'oli; en comptes de sal podem posar una pastilla de brou. Quan els canelons estan cuits els passem per aigua freda. Els traiem de l'aigua i els col·loquem en un drap de cuina perquè s'assequin. A mesura que anem confeccionant els canelons els col·loquem en una safata untada d'oli o mantega. Posem la beixamel pel damunt amb una mica de mantega i formatge ratllat. Per acabar ho gratinem al forn.

# *Espaguetis amb verdures*

✔ ***Ingredients***

espaguetis (100 g per persona)
porros
pebrot verd
pebrot vermell
cors de carxofes
bolets de temporada
tomàquet madur ratllat
pastanaga
oli d'oliva
farigola
sal
pebre
sucre
llorer
1 pastilla de brou (opcional)

✔ ***Preparació***

Tallem totes les verdures i les posem en una paella o en una cassola amb oli. Deixem que se sofregeixin una mica. Ratllem el tomàquet i l'afegim, juntament amb mig got d'aigua, la sal, el pebre i un pols de sucre. Fem bullir els espaguetis amb aigua i unes fulles de llorer —també s'hi pot tirar una pastilla de brou o sal—. Els coem *al dente* i els escorrem. Seguidament els hi tirem un raig d'oli pel damunt, ja que d'aquesta manera aconseguim que no s'enganxin els uns amb els altres. Ho barregem tot amb les verdures i ja ho podem servir. Ho podem acompanyar amb formatge ratllat pel damunt.

# *Fideuada*

### ✔ *Ingredients*

fumet de peix (fet de cintes, gerret, congre, cap de rap, galeres, xanguet, etc.)
gambes
alls i julivert
sal i oli
cloïsses
fideus de cabell d'àngel
allioli

### ✔ *Preparació*

Bullim el peix després d'haver-lo deixat ben net. Quan estigui bullit el triturem i el colem. Tot seguit el passem per un colador ben fi perquè no passi cap espina (si cové el colem dos cops). Posem una paella de tipus valencià, de ferro, al foc amb bastant d'oli. Obrim les cloïsses al vapor. Colem el suc per afegir-lo després al fumet. Passem les gambes per l'oli calent, les traiem i les posem en un plat a part. Tirem els fideus a la paella valenciana i amb una cullera de fusta els anem remenant fins que quedin ben torrats (quan s'enrosseixin no podem deixar de remenar). Tirem uns alls tallats ben petits i procurem que no es cremin per evitar que donin mal gust. Cobrim els fideus amb el suc de peix quan estigui ben calent. Els deixem bullir uns 3 minuts i afegim les gambes i les cloïsses com a guarniment. Tapem la paella i apaguem el foc. Deixem que reposin uns 5 minuts i així queden tots aixecats quan els destapem, amb molt bona presentació. Ho servim amb allioli.

# *Fideus a la cassola*

✔ ***Ingredients***

fideus (100-150 g per persona)
costella de porc
1 pebrot verd
1 pebrot vermell
pèsols
ceba
tomàquet madur
alls i julivert
sal i oli

✔ ***Preparació***

En una cassola de terra hi posem oli i fregim la costella de porc a talls no massa grossos. Reservem a part la costella ja fregida i en el mateix oli sofregim la ceba amb una mica de sal. A mig coure li afegim els pebrots trinxats i després d'una estona el tomàquet ratllat. Aboquem els fideus i els cobrim d'aigua. Tirem els pèsols i una picada d'alls i julivert. Rectifiquem de sal. Deixem que cogui a foc fort durant 15 minuts aproximadament, depenent de la pasta, i ja ho tenim.

# *Fideus amb congre*

### ✔ *Ingredients*

congre (talls del cap fins a la ventresca)
alls i julivert
tomàquet
ceba
sal i oli
pèsols (opcional)

### ✔ *Preparació*

En una cassola posem oli i uns alls tallats pel mig, que traiem quan comencin a enrossir-se procurant que no es cremin, ja que agafarien un gust amargant. Sofregim el congre amb l'oli que han deixat els alls i el traiem perquè no es desfaci. Amb el cap del congre fem un fumet on bullim, col·lat ja aquest, els fideus. Tallem la ceba a trossos petits i la sofregim; també trossegem o ratllem el tomàquet. Fem una picada d'all i julivert. A la cassola hi tirem el fumet que hem fet del congre i, quan arrenqui el bull, li tirem els fideus i, per últim, els talls de congre. Si ens agrada, també hi podem tirar uns quants pèsols.

# *Macarrons amb sípia*

✔ ***Ingredients***

macarrons prims
1 sípia
tomàquet
oli
1 pastilla de brou
llorer
1 ceba grossa
allioli

✔ ***Preparació***

Tallem una ceba i l'enrossim amb una mica d'oli en una cassola de terra. A mig enrossir li tirem la sípia tallada a trossos petits i la deixem coure amb la mateixa aigua que desprèn. La tapem, però abans si no la veiem tova li afegim una mica d'aigua. Quan estigui al seu punt afegim el tomàquet. En una olla posem aigua, el llorer i la pastilla de brou. Quan arrenqui el bull tirem els macarrons i remenem l'olla uns moments perquè no s'enganxin. Procurem que no quedin massa tous. Si els guardem un cop fets és millor que els passem per aigua freda. Si ens els mengem de seguida —són més bons— procurem així que quedin una mica sucosos. Aboquem els macarrons a la cassola, ho remenem tot i ho servim a continuació. Servim l'allioli a part perquè cadascú es serveixi al seu gust. Són excel·lents.

## *Macarrons vidus*

### ✔ *Ingredients*

macarrons
pebrot vermell
pebrot verd
tomàquet
ceba
oli
llorer
1 pastilla de brou o sal
formatge ratllat

### ✔ *Preparació*

En una cassola de terra enrossim una ceba tallada petita. Quan estigui a mig fer li afegim els pebrots també tallats petits i ho deixem coure una mica tot plegat. Ratllem força tomàquet i el tirem a la cassola. A part bullim els macarrons amb una fulla de llorer i una pastilla de brou o amb sal. Si els servim de seguida els posem directament a la cassola i ho barregem tot molt bé; si no els passem per aigua freda perquè no creixin. Afegim formatge ratllat i ho remenem, o també podem tirar-lo per sobre i gratinar-ho al forn.

# *Tallarines amb verdures*

✔ ***Ingredients***

tallarines (o qualsevol altra pasta)
ceba
carbassó
pastanaga
xampinyons
farina
llet
oli i sal
nou moscada
pebre negre

✔ ***Preparació***

Bullim la pasta. Tallem les verdures i els xampinyons ben petits i els sofregim en una paella gran amb oli. Quan estigui cuit li afegim una cullerada de farina. Ho barregem bé perquè la farina quedi fosa amb l'oli. Seguidament li aboquem la llet i ho remenem de forma continuada fins que espessegi. Ho salpebrem i ho condimentem al gust. Així que estigui a punt ho barregem amb les tallarines *al dente*. Ho servim tot seguit. També li podem afegir bacó o pernil a les verdures.

# *Pasta amb mandonguilles*

✔ ***Ingredients***

mandonguilles
salsa de tomàquet
formatge ratllat
oli i sal
sucre
pebre negre
pasta (fideus, espaguetis, tallarines, pasta petita, etc.)
alls i julivert (opcional)

✔ ***Preparació***

Fem les mandonguilles segons com ve explicat en aquest mateix receptari. En una paella preparem una salsa de tomàquet senzilla. Bullim la pasta i fem que quedi *al dente*. L'escorrem i la posem en un bol o cassola fonda. Afegim les mandonguilles i la salsa de tomàquet, que si abans les passem per la paella i els tirem una mica d'all i julivert trinxat encara queda més bo. A taula ho servim acompanyat d'un bol amb formatge ratllat de qualitat d'on cadascú es pot servir a gust propi.

# *Pasta amb verdures i beixamel*

✔ ***Ingredients***

pasta (macarrons, espirals, espaguetis...)
pastanagues
ceba
carbassó
xampinyons
oli
farina
llet
herbes
pebre
nou moscada

✔ ***Preparació***

Bullim la pasta *al dente* i la reservem. Tallem les verdures i els xampinyons a trossos petits i ho sofregim tot plegat en una paella amb les herbes, la sal i el pebre. Quan estigui tirem una cullerada de farina, ho remenem bé i després li tirem la llet. Ha de quedar com una beixamel. Seguidament ho barregem fora del foc amb la pasta, i ja està a punt per servir. Tanmateix també ho podem gratinar.

Respecte a les verdures podem emprar aquestes o bé unes altres, com espàrrecs, porros... i també hi podem posar tonyina o, fins i tot, carn picada.

# *Pizza*

### ✔ *Ingredients*

250 g de farina
30 g de llevat de forner
1 petricó d'aigua
2 cullerades d'aigua
2 cullerades d'oli
orenga
tomàquet passat per la paella
pernil dolç
formatge ratllat (gruyère)
ceba
sal

### ✔ *Preparació*

En un potet o tasseta desfem el llevat amb aigua tèbia. Posem la farina damunt del marbre amb un pols de sal. Afegim l'aigua, l'oli i el llevat de forner desfet. Treballem la massa fins que tot estigui barrejat. Tapem la massa amb un drap de cuina una estona perquè pugi. Seguidament l'aplanem i la posem en una safata plana per posar-la al forn. Per sobre hi tirem el tomàquet, la ceba ratllada molt fina, el pernil dolç i el formatge. Per sobre de tot hi posem orenga segons el gust de cadascú. Ho introduïm en el forn ja calent i fem que cogui uns 20 minuts.

## *Truites*

La base de qualsevol truita són els ous batuts, amb una mica de sal, i passats per la paella amb oli ben calent per tal que els ous es coguin, de manera que s'aconsegueix una massa sòlida i tova. A partir d'aquí se li poden afegir molts ingredients i d'aquesta manera obtenir molts i variats sabors per a tots els gustos.

Com s'afegiexen aquests ingredients addicionals? Molt senzill: trossegem els productes que vulguem afegir, els sofregim i els afegim a l'ou ja batut; i ja ho tenim. Ara, alguns exemples.

### *Truita de carxofes*

✔ ***Ingredients***

ous
carxofes (poden ser bullides o tallades molt primes crues)
cansalada
sal
oli

### *Truita catalana*

✔ ***Ingredients***

ous
mongetes blanques cuites
botifarra negra o blanca
alls
sal
pebre
oli

## *Truita del dijous llarder*

✔ ***Ingredients***

ous
botifarra
cansalada
alls tendres
sal
oli

## *Truita d'escarola*

✔ ***Ingredients***

ous
escarola
alls tendres
sal
oli

## *Truita de faves*

✔ ***Ingredients***

ous
faves tendres petites crues
escarola
ceba tendra
sal
oli

## *Truita de patates*

✔ ***Ingredients***

ous
patates
ceba
alls tendres
sal
oli

## *Truita de pèsols*

✔ ***Ingredients***

ous
pèsols tendres crus
sal
oli

## *Truita amb trampa*

✔ ***Ingredients***

ous
llet o aigua
farina
julivert
sal
oli

## *Truita de verdures*

### ✔ *Ingredients*

- ous
- carxofes
- carbassó
- ceba
- enciam o escarola
- espàrrecs verds
- alls tendres
- sal
- pèsols
- pebre
- espàrrecs verds
- oli

### ✔ *Preparació*

La manera de fer les truites és sempre la mateixa: sofregim primer tot junt allò que li vulguem posar  a la truita i després afegim l'ou batut i esperem que es cogui la truita.

## *Truita de marisc*

### ✔ *Ingredients*

- musclos
- barretes de cranc
- ceba
- ous
- sal
- oli

### ✔ *Preparació*

Tallem molta ceba i la sofregim en una paella amb oli. Obrim mentrestant els musclos al vapor i els tallem petits, i així també tallem a bocins petits les barretes de cranc. Ho barregem aleshores tot amb la ceba. Batem els ous i en farem una truita rodona. De sal en posem poca, ja que els marisc ja és un xic fort de gust. La podem servir amb una amanida d'enciam i un gra d'all tallat a trossos petits per sobre del tomàquet.

# *Rotllo de truita*

✔ ***Ingredients***

ensalada russa
pernil dolç
ous

✔ ***Preparació***

Fem una truita en una paella ben grossa per tal que quedi ben fina. Posem la truita sobre un paper absorbent i quan estigui freda posem a sobre uns quants talls de pernil dolç. A sobre del pernil hi posem l'ensalada ja preparada. Amb l'ajut d'una làmina de paper d'alumini, enrotllem la truita com si fos un braç de gitano. El guardem a la nevera, a ser possible d'un dia per l'altre, així queda més compacte. Per servir-ho el tallem com si fos un tall rodó, així queda molt vistós i de gran presentació.

# *Ous a les 12:15*

**✔ *Ingredients***

7 ous
1 quilo de patates
250 g de mongetes tendres
2 pebrots de morro de bou (pebrots morrons)
6 cogombrets
50 g de pernil dolç
pastanagues
pebre blanc
vinagre
salsa maionesa

**✔ *Preparació***

En una olla bullim juntes les patates i les pastanagues, i en una altra les mongetes tot tallat ben petit. Un cop cuit ho passem tot per aigua freda. Coem els ous durant uns 10 minuts. En una safata rodona posem les verdures i afegim pebre blanc i vinagre. Ho cobrim amb salsa maionesa. Els ous durs els partim per la meitat i els col·loquem en cercle com si fossin les hores. Amb el pernil dolç dibuixem les xifres romanes a sobre de cada meitat d'ou. Les busques del rellotge les fem amb dues mongetes tendres sense tallar que posem marcant les 12:15 h. L'esfera del rellotge el decorem amb unes tires de pebrot de morro de bou i amb els cogombrets.

## Albergínies farcides

**✔ Ingredients**

carn picada de porc i/o vedella (al gust de cadascú)
formatge ratllat
tomàquet
pa ratllat
1 ou
1 ceba
sal i oli
pebre negre

**✔ Preparació**

Tallem les albergínies a la llarga per la meitat. Fem uns talls a la polpa encreuats i les passem per la paella. A part fregim una mica la ceba i passem la carn picada; quan estigui li tirem una mica de tomàquet. Rasquem la polpa de les albergínies i l'afegim a la paella. Els donem un tomb. Afegim una mica de formatge ratllat i un pols de pa ratllat. També podem afegir un ou batut. Omplim les barques de les albergínies. També els podem tornar a posar una mica de formatge ratllat per sobre, així com una mica de mantega, i tot seguit ho posem al forn a gratinar.

A l'hora de servir-ho ho fem en un plat fondo per poder posar-hi una mica de tomàquet.

# *Carbassons farcits*

### ✔ *Ingredients*

carbassons
carn picada o pernil dolç
tomàquet
ceba
pa ratllat
formatge ratllat
sal i oli
pebre negre
mantega (opcional)

### ✔ *Preparació*

Rentem els carbassons i els bullim sencers, però no gaire. Un cop s'hagin refredat, els partim per la meitat de llarg a llarg. Amb molta cura li traiem tota la polpa que puguem deixant-los com una barca. Sofregim una ceba, li tirem la carn picada o el pernil dolç, una mica de tomàquet, un pols de sal i un pols de sucre. Farcim les barques. Pel damunt tirem el pa ratllat i el formatge. Podem menjar-nos-ho fred o calent; en aquest darrer cas li posem un xic de mantega i ho gratinem al forn.

# *Carxofes a la brasa*

✔ ***Ingredients***

carxofes
sal i oli
pebre negre
vinagre o llimona

✔ ***Preparació***

Rentem les carxofes amb aigua abundant i les deixem escórrer una estona perquè desprenguin tota l'aigua. Les obrim en forma de flor. Les posem de cap per avall a les brases i, quan estiguin una mica cuites, les tombem de cap per amunt. Els tirem sal, un raig d'oli i un raig de vinagre o llimona.

Quan estiguin cuites les servim tal qual; cadascú ja es treu les fulles sobrants.

*Les podem acompanyar amb unes botifarres al caliu de la següent manera: punxem les botifarres i les posem a sobre d'un paper d'alumini. Les reguem amb garnatxa o vi ranci. Les emboliquem i les posem dins de les brases. Queden molt bones i són un bon acompanyament per a les carxofes, com també amb torrades.*

# *Carxfofes farcides*

### ✔ *Ingredients*

carxofes ben tendres
pernil dolç
pa ratllat (opcional)
sal i oli
pebre negre

### ✔ *Preparació*

Deixem les carxofes ben netes de les fulles externes i les escapcem. Les bullim amb aigua i sal, i tan bon punt estiguin les escorrem. Els traiem el cor i el guardem a part, eliminant el fregall que tenen a dintre. Així queda un buit ideal per farcir. Passem el pernil dolç per la paella amb una mica d'oli. Li barregem els cors de les carxofes i ho trinxem tot, amb una mica de pa ratllat si així ho preferim. Amb aquesta barreja farcim les carxofes i les anem posant en una safata del forn. Podem completar el plat amb una beixamel i gratinar-les al forn. També les podem servir com a entremès amb maionesa.

De la mateixa manera les podem farcir d'altres coses de què disposem en el moment de fer-les.

# *Cigrons amb espinacs*

✔ ***Ingredients***

cigrons
cansalada
espinacs
tomàquet
1 ceba
alls
sal i oli
bicarbonat

✔ ***Preparació***

Posem els cigrons en remull un dia abans de cuinar-los amb una mica de bicarbonat. Així, passades aquestes 24 h, el primer que fem és bullir-los i ben de pressa, ja que si s'atura el bull queden forts. En una cassola amb oli posem una ceba tallada i la deixem enrossir. Li afegim el tomàquet, els alls ben petits i la cansalada també tallada petita. Li afegim una mica de suc dels cigrons i així mateix una mica del suc amb què bullim els espinacs, que també hi dóna bon gust. Fem coure una mica ara tota la barreja.

# *Cogombres farcits*

### ✔ *Ingredients*

4 cogombres
150 g de formatge cremós
2 cullerades d'oli
fulles de menta
sal
pebre

### ✔ *Preparació*

Cada cogombre el fem en tres trossos i li traiem la polpa del mig. Aquesta polpa la barregem amb el formatge, un polsim de pebre, les fulles de menta i l'oli. Farcim el cogombre i li tirem una mica més de pebre pel damunt i una fulla de menta. És un plat ideal per a l'estiu.

# *Corona de verdures*

✔ ***Ingredients***

100 g de pèsols
100 g de mongetes tendres
100 g de pastanagues
1 manat d'espàrrecs (de llauna o verds)
1 pebrot vermell
1 carbassó
1 raig de llet
4 ous
espècies (orenga, pebre i alfàbrega)
2 cullerades d'oli
1 ceba
sal

✔ ***Preparació***

Bullim totes les verdures, soles o plegades, en aigua amb sal. Tallem el carbassó, el pebrot i la ceba tot petit i ho passem per la paella. Bullim els espàrrecs, procurant posar-hi la part més tendra. Batem els ous amb un raig de llet, les herbes aromàtiques, un pols de sal i el pebre. Ho posem en un motlle rodó, a ser possible foradat del centre, ja que així forma una corona i queda més bonic. Finalment tirem els ous batuts per sobre, que és la part que queda després a sota. Posem aquesta corona al bany maria al forn un total de 30 a 40 minuts. La desemmotllem quan estigui freda. Té molta bona presència i és molt bo. Podem posar patata bullida, això ja depèn del gust de cadascú.

# *Empedrat*

✔ ***Ingredients***

mongetes blanques seques cuites
bacallà sec remullat i esqueixat
pebrot vermell
pebrot verd
tonyina amb oli
pernil del país o pernil dolç
ceba
tomàquet
enciam
ou dur
botifarra negra
anxoves
olives negres
vinagre
maionesa

✔ ***Preparació***

Tallem tots els ingredients ben petits, fem una barreja amb les mongetes cuites i li tirem l'oli de la tonyina i un raig de vinagre. Un cop feta la barreja, la deixem una estona a la nevera en un atuell tapat. Ho servim amb un bol de maionesa a part.

# *Ensalada russa*

✔ ***Ingredients***

patates
pèsols
pastanagues
tonyina en oli d'oliva
pernil dolç o pernil salat
mongeta tendra fina
ous durs
maionesa

✔ ***Preparació***

Tallem les patates, les pastanagues i les mongetes tendres. Les bullim a poc a poc perquè no es desfacin i quan estiguin cuites les escorrerem. Els pèsols són més delicats, per això els bullim a part i els deixem refredar amb el mateix suc per tal que quedin sencers. Quan tot estigui fred ho barregem. Trinxem la tonyina, el pernil i els ous durs. També podem afegir-hi altres ingredients que ens agradin, ja que l'ensalada admet molta varietat. Si ens la mengem de seguida la posem juntament amb la maionesa, però si no és així la maionesa la servim en una salsera a part. La presentació de l'ensalada la podem fer de moltes maneres seguint el gust de cadascú.

# *Espinacs amb bacallà gratinats*

✔ ***Ingredients***

espinacs
bacallà dessalat
farina
alls
panses de Corint
pinyons
sal i oli
cigrons o mongetes seques cuites (opcional)

✔ ***Preparació***

Bullim els espinacs amb aigua i un pols de sal. Els escorrem quan acabin de bullir, ja que així és quan treuen més aigua, i els deixem que es refredin. Fregim el bacallà enfarinat. Tot seguit les panses i els pinyons els passem una mica per la paella perquè s'enrosseixin una mica (convé remullar les panses prèviament) i ho barregem amb els espinacs, per a després posar-ho en una safata de forn (amb els espinacs s'hi poden barrejar les mongetes i els cigrons). A sobre dels espinacs posem el bacallà que ja tenim fregit i ho acompanyem amb un allioli, al gust de cadascú, pel damunt. Seguidament ho gratinem al forn.

Té molta presentació i és molt bo.

# *Faves a la catalana amb pebre i anís*

✔ *Ingredients*

faves
cansalada
botifarra negra
alls tendres
ceba tendra
pèsols
fulles de menta
pebre negre
un raig d'anís
sal i oli

✔ *Preparació*

En una olla de terra hi posem oli. Tallem la cansalada a trossets petits i la passem per l'oli fins que quedi una mica rossa; la traiem i la guardem. També ho fem així amb la botifarra negra, però la tenim molt poc temps per evitar que se'ns desfaci i també la traiem. A dins de l'olla posem les faves, la menta, els alls tendres sencers, la ceba tendra, un pols de pebre negre i una mica d'aigua. Ho bullim a poc a poc. Afegim la cansalada i deixem que es cogui. Després li tirem els pèsols, ja que si són molt tendres i els tirem juntament amb les faves es desfan. Per últim, li tirem la botifarra negra. Quan falti poc per a estar cuites l'hi tirem un raig d'anís, que pot substituir-se per vi ranci.

## *Faves a la catalana amb herbes aromàtiques*

✔ ***Ingredients***

faves
botifarra negra
cansalada
cebes tendres
alls tendres
pèsols
herbes aromàtiques (farigola, sajolida, llorer i marduix)
sal i oli

✔ ***Preparació***

Les faves a la catalana, és aconsellable coure-les en una olla de terra una mica fonda i per tapar-les fer servir un plat de fang. Per començar sofregim la cansalada feta a trossos dins l'olla. Després posem la botifarra negra, li donem uns tombs i la traiem després perquè no es desfaci. A continuació posem les faves desgranades, la ceba tallada i els alls tendres sencers. Per últim posem el farcellet d'herbes. Ho cobrim just d'aigua, ja que les faves en treuen més. Tirem els pèsols i fem que cogui tot a foc lent procurant que no es desfacin, encara que tot depèn de com siguin de tendres les faves. Si les faves són una mica fetes i els pèsols són tendres bullim els pèsols a banda. Si ho fem així guardem el suc dels pèsols per posar-lo a les faves en lloc d'aigua. Després tirem els pèsols a l'olla quan les faves estiguin cuites.

*Hi ha llocs de Catalunya on afegeixen unes gotes d'anís.*

# *Flam de verdures*

**✓ *Ingredients per a quatre persones***

400 g d'ensalada russa congelada
200 g de tomàquet triturat i fregit
50 g de cansalada
5 ous

**✓ *Preparació***

Un cop bullida l'ensalada russa la deixem refredar. Tallem el cansalada a talls petits, els fregim i després els barregem amb l'ensalada. Escalfem el tomàquet a la paella i també el barregem amb l'ensalada juntament amb ou batut. Ho col·loquem en un motlle de fer flams i ho posem al bany maria uns 35 minuts al forn. Deixem que es refredi i ho traiem del motlle. Ho podem servir en una safata amb enciam, marisc, olives i maionesa.

# *Gaspatxo*

### ✔ *Ingredients*

- 1 tomàquet madur pelat
- pebrot vermell
- pebrot verd
- 1 cogombre
- glaçons
- aigua fresca
- sal i oli
- 1 ou dur
- 1 llesca de pa sec
- vinagre
- pebre negre
- 2 o 3 alls
- ceba (opcional)

### ✔ *Preparació*

Barregem un tros de ceba (si se'n posa), el tomàquet, el cogombre, els alls, l'ou, la llesca de pa amb vinagre remullada una estona abans, els pebrots, una mica d'oli, la sal i el pebre. Ho triturem tot mesclat. Si queda molt espès li podem afegir aigua fresca. Finalment ho rectifiquem de sal i de pebre. Després, a última hora, li podem tirar unes cullerades de maionesa o allioli. Si els tomàquets no són molt vermells hi afegim un pols de pebre vermell.

*Antigament es triturava a mà en una gaspatxera, és a dir, en un bol gran; però avui dia es tritura millor amb una batedora elèctrica.*

# *Llenties estofades*

### ✔ *Ingredients*

llenties
cap de costella de porc
1 tall de cansalada viada
1 ceba grossa
llard o oli
1 cabeça d'alls
1 fulla de llorer
tomàquet (opcional)
sal

### ✔ *Preparació*

Posem en remull les llenties el dia abans. Fet això, en una olla o cassola amb tapa hi posem el llard o l'oli a escalfar. Afegim el cap de costella i la cansalada, tot tallat a trossets petits. Enrossim la ceba i després, si es vol, hi tirem una mica de tomàquet. Quan tot estigui ben enrossit aboquem l'aigua. Seguidament hi tirem les llenties ben rentades, el llorer i la cabeça d'alls. Ho deixem coure a poc a poc, cosa que és molt important, ja que si es couen de pressa es poden desfer. Mirem si estan bé de sal abans de traureu-les del foc, i llest.

# *Patates típiques d'Olot*

✔ ***Ingredients***

1.250 g de patates vermelles
300 g de carn de porc
300 g de carn de vedella
1 pit de pollastre
1 ceba grossa
1 cabeça d'alls
1 pastanaga
1 branca d'api
1 tomàquet vermell
1 fulla de llorer
1 raig de conyac
farina blanca
3 ous
sal
pebre
nou moscada
oli o llard

✔ ***Preparació***

Rostim la carn juntament amb la ceba, els alls, la pastanaga, l'api i el tomàquet, fent-ho tot ben trossejat. A més a més salpebrem i afegim el llorer i la nou moscada. A mig rostir hi tirem el conyac o el vi ranci. Un cop estigui ho triturem tot plegat. Tallem les patates a rodanxes i les fregim deixant-les a mig coure. Batem un ou i el barregem amb el rostit triturat. Agafem una rodanxa de patata i li posem una cullerada de rostit i ho tapem amb una altra rodanxa de patata. Passem l'«entrepà» per ou batut, després per farina i un altre cop per ou (així no es desfà) i el fregim amb oli ben calent. A mesura que els traiem de la paella els posem en una safata plata amb paper absorbent.

# *Pèsols ofegtats*

### ✔ *Ingredients*

pèsols tendres desgranats
ceba tendra
pernil salat a daus
cansalada
oli o llard
sal
1 fulla de llorer
fulles de menta
1 all tendre
gotes d'anís (opcional)

### ✔ *Preparació*

***1r procediment***

Posem els pèsols, si és possible, en una olla de terrissa o *cocotte* fonda amb tapadora. Podem posar-hi tots els ingredients en fred, tapar i fer bullir fins que els pèsols estiguin cuits.

***2n procediment***

Tallem la cansalada i l'enrossim a l'olla de terra o cassola fonda. També la ceba tallada a la juliana i el pernil a daus. Fem que donin uns tombs. Tirem als pèsols la fulla de llorer, la menta i l'all tendre tallat a trossos grans. Ho cobrim tot amb aigua, més aviat poca, i tapem l'olla o cassola i deixem que bulli fins que estiguin cuits.

Si els pèsols són frescos i tendres tarden uns 15 minuts a coure's, si en canvi són congelats, costen el doble de temps. No els remenarem gaire, tan sols els sacsejarem i sempre tapats.

# *Puré de pèsols*

## ✔ *Ingredients*

1 kg de pèsols
400 g de patates
25 g de mantega o llard
2 pastanagues
1 ceba
1 os de pernil
pa (opcional)
sal i oli

## ✔ *Preparació*

Posem els pèsols i les patates a bullir juntament amb l'os. Fregim la ceba en una paella amb una mica d'oli, però sense deixar que es fregeixi massa. La tirem a l'olla sense que perdi el bull. També hi afegim unes pastanagues. Quan falti poc perquè estigui cuit agafem la batedora elèctrica i ho triturem tot. Afegim la mantega o el llard —segons el que preferim—, deixem que bulli una mica i apaguem el foc. Podem fregir una mica de pa a daus i posar-los en un bol petit perquè cadascú es serveixi al seu gust. Podem fer-lo per menjar fred o calent segons la temporada.

# Tomàquets farcits

### ✔ Ingredients

tomàquets grossos i madurs, però que no siguin tous
pa ratllat
margarina
sal i oli

Per al farcit podem fer servir allò de què disposem com, per exemple: ensalada, carn picada passada per la paella, marisc, patates i pèsols, botifarra esparracada, sobrassada, pastanagues ratllades, olives, etc.

### ✔ Preparació

Els tomàquets els tallem traient-los la part de dalt i, amb compte, els buidem. Els deixem una estona de cap per avall per tal que escorren el suc. Tot seguit els farcim amb allò que ens vingui de gust o amb allò de què disposem en aquest moment. Un cop ja estan al complet, pel damunt, per tal de tancar-los, els empolvorem de pa ratllat i una mica de margarina. A continuació els posem al forn una mica.

Tanmateix, també els podem fer en fred, és a dir, no introduint-los al forn i posant-hi pel damunt ou dur, guarnint-los amb una tira de pebrot escalivat i unes olives. Amb una mica d'imaginació podem fer una cara o simular una flor, tot depèn del gust o la gràcia que tinguem, i així queda molt decoratiu per als entremesos.

## Escudella d'oli

**✔ Ingredients**

arròs
fideus del número 4
coliflor
oli
fonoll
1 ceba petita
1 litre de suc de cigrons
1 litre d'aigua

**✔ Preparació**

Sofregim la ceba. En una olla posem el suc dels cigrons i l'aigua. Trinxem la coliflor ben petita i també el fonoll. Quan arrenqui el bull hi tirem la ceba, l'oli per fregir-la i deixem que bulli una estona. Afegim un grapat petit d'arròs i fideus i uns quants cigrons. El brou resultant és una mica espès.

# Escudella catalana

## ✔ Ingredients

1 tros de gallina
1 tros de vedella
1 os de vedella
1 tros d'espinada de porc
1 tros d'orella de porc
2 fulles de bleda
1 xirivia i 1 nap
2 porros
cigrons remullats
pasta de sopa (qualsevol)
pastanaga
patates
oli i sal
api i col
safrà (opcional)
1 os de pernil (opcional)
1 botifarra blanca
1 botifarra negra de sang

### Per a fer la pilota

carn picada de vedella
carn picada de porc
1 ou
pa ratllat
alls i julivert
farina blanca
sal i pebre

## ✔ Preparació

Posem en una olla grossa amb aigua tots els ingredients menys la col i les patates —que posem més tard—, ja que l'escudella la deixem bullir de 2 a 3 hores i llavors es desfarien. Afegim les patates, la col i les botifarres.

### Preparació de la pilota

Posem en un plat la carn picada, els alls tallats i el julivert. Afegim un ou sencer i ho treballem amb una forquilla. Tanmateix li anem tirant pa ratllat perquè es lligui millor. Fem la pilota de forma allargada i la passem per farina blanca perquè quedi més consistent, i la tirem a l'olla a continuació de les botifarres. Deixem que tot plegat acabi de bullir. Traiem brou per fer la pasta en una olla a part. El brou restant el podem guardar a la nevera o bé al congelador. Si sobra carn de l'olla podem fer croquetes o una torronada tal i com era abans costum de fer, és a dir, ho tallem tot ben petit i ho passem per la paella per fer com si fos una truita. Queda molt gustós.

# *Sopa de carbassa*

## ✔ *Ingredients*

1 carbassa grossa
patates (segons la quantitat de sopa)
porros
formatge ratllat
1 pastilla de brou
sal
pa fregit a trossos petits (opcional)

## ✔ *Preparació*

Pelem la carbassa, la trossegem i li traiem les llavors. La posem dins d'una olla i la cobrim d'aigua. Esperem que arrenqui el bull remenant-ho amb una escumadora llarga. Pelem les patates i els porros i ho fem a talls petits. Ho fregim tot plegat en una paella, deixant-ho mig ros, i després ho tirem a l'olla. Quan porti una estona bullint ho triturem tot ben fi. Afegim el formatge ratllat i la pastilla de brou. Ho deixem bullir força estona perquè com més bull més bona és. Procurem que no quedi ni molt espessa ni molt clara, per la qual cosa li afegim més o menys aigua segons convingui. La servim ben calenta.

Per últim, si ens ve de gust, podem fregir pa tallat a trossets petits que servim a part per tal que cadascú se'n posi al gust, ja que espesseix ràpid.

## *Sopa de carbassó*

✔ ***Ingredients***

carbassons
patates
1 pastilla de brou
formatge cremós (porcions)
1 ceba
oli i sal

✔ ***Preparació***

Pelem els carbassons i les patates. Ho posem seguidament a bullir juntament amb tots els altres ingredients fins que ens quedi com una crema clara. Un cop triturat, si quedés massa clar, el podem espessir afegint-hi més patates o més carbassons. El deixem bullir força estona perquè ens quedi més bé.

## *Sopa de pa amb herbes*

✔ ***Ingredients***

pa sec
1 ceba grossa
oli i sal
2 alls
herbes (opcional): menta o farigola

✔ ***Preparació***

Posem el pa sec amb aigua al foc. Tallem la ceba i els alls. Ho incorporem i ho fem bullir. Ho triturem tot, li tirem un raig d'oli i ho deixem bullir una mitja hora. Després li tirem sal i l'herba escollida.

# *Sopa del suc de fer bullir les verdures*

### ✔ *Ingredients*

el suc de les verdures
2 porros
alls
ceba
pastanaga
1 pastilla de brou
oli
arròs
fideus mitjans

### ✔ *Preparació*

Tallem els porros, els alls, la ceba i la pastanaga i ho bullim una bona estona. Tirem la pastilla de brou i ho tastem, ja que el brou de les verdures ja té sal. Afegim una mica d'arròs i fideus perquè sigui una mica més espès.

## *Bacallà arrebossat*

✔ ***Ingredients***

400 g de bacallà remullat gruixut (del morro) i ben dessalat
1 ou
farina
julivert
oli
1 llimona

✔ ***Preparació***

Tallem el bacallà prim i el deixem sense espines. El passem per la farina i l'ou. El fregim fins que quedi ben ros amb l'oli ben calent. Un cop fregit el posem en una safata. Per acabar, per sobre li tirem julivert trinxat petit i un raig de llimona. És boníssim i té molt bona presència.

# *Bacallà de Divendres Sant*

✔ ***Ingredients***

bacallà
ceba
tomàquet madur
carxofes
alls i julivert
panses
ametlles torrades
ous durs
pèsols (opcionals)
cigrons cuits (opcional)
farina (opcional)
oli

✔ ***Preparació***

Fregim el bacallà dessalat i el reservem a part. Ara colem l'oli que hem fet servir per fregir-lo i el posem en una cassola. Tallem la ceba petita i l'enrossim una mica. Li tirem un tomàquet madur ratllat o a trossos. També posem les panses a remullar en aigua tèbia. Per una altra banda bullim les carxofes tallades a trossos que després podem enfarinar-les i fregir-les, així fan el suc més espès. Tot seguit, a la cassola posem el bacallà fregit, els ous durs, les panses i les carxofes. Fem una picada d'ametlles torrades i alls que la tirem per damunt del bacallà, així també el julivert, i si tenim poc suc també podem afegir un xic d'aigua.

Si ens ve de gust posar-hi pèsols, els bullim a part i guardem el suc per si al final hem d'afegir aigua a la cassola. Si volem posar-hi cigrons els afegim a última hora; això és millor que en posem pocs, sols per acompanyar, ja que és un plat que atipa molt.

# *Bacallà amb mel*

✔ ***Ingredients***

bacallà
100 g de farina
1 tasseta de mel
aigua de fer bullir el bacallà
1 fulla de llorer

✔ ***Preparació***

Bullim el bacallà, dessalat amb aigua freda, a foc baix i amb el llorer; d'aquesta manera la temperatura puja a poc a poc i no es desfà. Procurem que faci un sol bull i després el retirem del foc. El posem en una escorredora plana o un drap de cuina, amb molt de compte per eixugar-li tota l'aigua. Guardem a part el brou resultant d'haver bullit el bacallà, per fer la pasta. Un cop fred, tallem el bacallà a tires d'uns 2 o 3 cm aproximadament. Barregem la farina, l'aigua i la mel i fem una pasta una mica espessa per arrebossar el bacallà. Passem el bacallà per farina blanca perquè quedi ben sec d'aigua i després per la pasta d'arrebossar. L'oli de la paella esperem que estigui ben calent, però abaixem la intensitat del foc en el moment de tirar el bacallà perquè no tingui massa temperatura per evitar que es cremi la mel que hi ha a la pasta. A continuació el fregim fins que agafi un color rosset i el posem en una safata per servir-lo a taula. Damunt de cada tall li tirem una goteta de mel.

*És un dels plats més antics de Catalunya; data de l'any 1640.*

# *Bacallà amb patates*

### ✔ *Ingredients*

bacallà remullat, amb espina o sense
1 tomàquet
llorer
oli i sal
pebre negre
alls i julivert
1 ceba
patates

### ✔ *Preparació*

Tallem les patates i les posem en una cassola una mica fonda. Tot seguit trossegem una ceba i un tomàquet (en quatre o cinc parts), el julivert, un pols de sal i un de pedre i ho aboquem. Posem a sobre el bacallà. Afegim un raig d'oli i ho cobrim tot d'aigua. Posem la cassola a foc viu i quan arrenqui el bull abaixem el foc. Quan fa l'últim bull preparem una picada d'alls al morter, tirem un raig d'oli com si fos negat i ho tirem al damunt del bacallà. Quan estigui cuit apaguem el foc. Tapem la cassola uns moments i ho servim de seguida. És un plat senzill, molt recomanable per com és de saludable. Per cert, el podem fer amb pèsols, carxofes, etc.

# *Bacallà amb samfaina*

✔ ***Ingredients***

bacallà remullat a trossos
tomàquet
cebes
albergínies
pebrot verd
pebrot vermell
pebre negre
sucre
oli i sal

✔ ***Preparació***

Fregim el bacallà i el guardem a part. Fregim la ceba i, a mig fregir, tirem el pebrot verd i el pebrot vermell talladets segons el gust de cadascú. Afegim l'albergínia tallada mig pelada. Finalment, afegim el tomàquet ratllat. Salpebrem i hi tirem un polsim de sucre. Deixem que es cogui i a continuació posem el bacallà i remenem sacsejant-lo uns instants. Finalment el traiem del foc i tornem a sacsejar, així la gelatina que porta el bacallà entre la pell i el tall es desprèn i la samfaina és molt més bona.

# Bunyols de bacallà

✔ *Ingredients*

1 tros de bacallà remullat sense espina (esmicolat)
200 g de farina blanca
3 ous
1 patata mitjana
2 fulles de llorer
alls

✔ *Preparació*

Pelem la patata i la bullim amb el llorer. Un cop la patata està cuita, la retirem i fem arrencar el bull al bacallà. En el precís moment en què aquest arrenca el bull, li tirem la farina i apaguem el foc. Remenem fort perquè no ens quedi massa espès. Si costa molt podem afegir una mica de llet. Ho deixem refredar. Un cop fred podem tirar els ous d'un en un. Barregem a la pasta els alls i el julivert tallat petit. Posem oli en un atuell fondo i fregim els bunyols; per obtenir la mesura fem servir una cullera mitjana. Per últim deixem que es facin rossets i els servim calents amb una mica de julivert tallat petit per sobre.

# *Tripes de bacallà*

✔ ***Preparació prèvia***

Primer que res, cal explicar molt bé com s'han de preparar les tripes, ja que són molt pocs els bacallaners que saben el secret de la tripa. És interessant que es divulgui com es fa, ja que el fet de no saber-ho fa que el públic desconegui el resultat tan bo que té.

✔ ***Preparació posterior***

Agafem 3 o 4 tripes, segons com siguin de grosses, i les posem 2 o 3 dies a remull perquè se'ls hi tregui tota la sal. Després posem una olla al foc amb aigua i esperem que arrenqui el bull. Quan bulli hi tirem les tripes i apaguem el foc al moment. Les deixem tapades uns 2-3 minuts i les passem per aigua freda i a la nevera. No ve d'un dia de treureu-les, ja que un cop escaldades i posades a la nevera a remull, van creixent i augmentant de volum, fent-se així llepissoses. Les tallem petites i ja podem començar el guisat.

*Els bacallaners professionals ja les venen remullades com el bacallà i és més senzill per a la mestressa de casa.*

## *Besuc al forn*

***✔ Ingredients***

1 besuc gran
patates
1 llimona
ceba (opcional)
conyac o xerès sec
julivert
pebre negre o blanc
oli i sal

***✔ Preparació***

Un cop el besuc està net el salpebrem. Tallem les patates a rodanxes primes i les fregim una mica. Les posem en una safata del forn, per sobre hi posem la ceba feta de la mateixa manera i ho aprofitem per fer-ho servir de llit per al peix. A cadascun dels talls li fem una obertura i, en aquesta, hi col·loquem una rodanxa de llimona. A sobre del peix hi tirem un raig d'oli, un de conyac o xerès, i els alls i el julivert tallats petits. També hi posem una mica d'aigua perquè no s'enganxi i es coguin bé les patates. Tot plegat ho fiquem al forn fins que estigui cuit.

Resulta un plat deliciós, ja que les patates queden més bones que el mateix peix.

# *Calamars farcits*

## ✔ *Ingredients*

- calamars mitjans sencers
- carn picada de vedella
- carn picada de porc
- alls i julivert
- conyac o vi blanc
- xocolata negra
- 1 tomàquet
- 1 ceba
- ametlles torrades
- 1 o 2 galetes maria
- 1 o 2 ous
- oli i sal
- pebre negre

## ✔ *Preparació*

Netegem els calamars i els deixem sencers a la bossa. Les potes i les ales les podem tallar petites o trinxar. Agafem la carn de vedella i la carn de porc amb una mica d'oli i ho passem per la paella; salpebrem —si emprem la carn d'una botifarra aleshores no afegim pebre perquè ja acostumen a portar-ne—. Bullim un o dos ous i els barregem, ben esmicolats, amb la carn un cop passada per la paella. També podem afegir all i julivert si ens ve de gust. Amb aquesta barreja farcim les bosses dels calamars i les tanquem amb un escuradents. El farcit que sobra el podem guardar per afegir-lo després. Agafem una cassola de terra on posem oli i enrossim una ceba. Afegim un tomàquet i li donem un tomb. Abaixem el foc i tirem els calamars d'un en un i, quan tot està calent, ho reguem amb un rajolí de conyac o vi blanc. Afegim la resta del farcit i una mica d'aigua, just fins que cobreixi. Preparem una picada amb: alls i julivert, una o dues galetes, ametlles torrades i un tros de xocolata negra. Ho aboquem a la cassola. Segons com quedi, si ho considerem convenient afegim una mica d'aigua. La cassola la mantenim tapada en tot moment. A l'hora de servir-ho fem que estigui ben calent, però amb compte per evitar que se'ns enganxin; per això afegim una mica d'aigua. Ho podem escalfar tant al forn o com al microones. Si els fem d'un dia per l'altre queden més bons. Per una altra banda, ho podem guarnir amb gambes, musclos, mandonguilles, etc.

# *Cassoleta de peix del Maresme*

✔ ***Ingredients***

peix (especialment de roca, però també pot ser rap, aranya capsuda, escórpora, penegal, rasclot, rata, mòllera, etc.)
alls
pa fregit
2 tomàquets petits
farina
safrà
vi blanc sec
oli i sal
julivert (opcional)
1 fulla de llorer (opcional)

✔ ***Preparació***

En primer lloc fem una bona picada d'alls i uns brins de safrà al morter, juntament amb un trosset de pa fregit, i ho fem tot ben matxucat. Escalfem en una cassola oli d'oliva, on un cop calent li tirem la picada, que desfem en una mica d'aigua. Enfarinem el peix i el posem a la cassola i, seguidament, un got de vi blanc sec i dos tomàquets petits. Quan arrenqui el bull, abaixem el foc i saccegem la cassola d'un costat a l'altre amb molt de compte. Ho coem molt a poc a poc i procurem que el peix no se'ns desfaci. Tanmateix la cassola la mantenim tapada per no perdre l'aroma del peix.

Per una altra banda, si ens agrada hi podem posar julivert tallat i una fulla de llorer.

## *Gambes al forn amb crema de llet*

**✔ *Ingredients***

gambes
oli
1 pot de crema de llet
1 copa de conyac

**✔ *Preparació***

En una safata per al forn hi posem un raig d'oli i a sobre les gambes netes o simplement esbandides, i ben posades. Tirem pel damunt una copa de conyac i després el potet de crema de llet. Escalfem el forn i un cop calent introduïm la safata i en el moment que considerem oportú girem les gambes. Procurem que no es quedin sense suc i, si cal, afegim una mica d'aigua.

Queden millor si les cuinem al mateix moment de servir-les, ja que resulten molt més gustoses acabades de fer.

# Gambes al forn amb ametlles

**✔ Ingredients**

gambes
ametlles torrades
suc de llimona
sal
pebre

**✔ Preparació**

En una safata per al forn hi posem les gambes ben col·locades i netes. Triturem els alls, les ametlles torrades, la sal, el pebre i el suc de llimona. Ho aboquem per sobre les gambes. Ho deixem dins la nevera a macerar durant una hora. Per últim ho posem al forn ja calent per tal que coguin lentament.

# Gambes saltejades

**✔ Ingredients**

gambes
oli
conyac
pebre negre
farigola

**✔ Preparació**

Rentem les gambes abans de res. Posem una paella al foc amb oli i quan estigui calent li tirem les gambes netes i empebrades, a més d'una mica de farigola. Les saltegem a foc viu. Finalment les flamegem amb una copa de conyac. Les servim tan calentes com sigui possible.

# *Llagosta amb patates*

✔ ***Ingredients***

1 llagosta
patates
fumet de peix
pebrot verd
alls i julivert
ceba
tomàquet
bitxo
ametlles (opcional)
sal i oli
pebre

***Fumet de peix***

peix de roca
crancs
1 porro
1 ceba
1 tomàquet
sal

✔ ***Preparació***

Tallem la llagosta per la meitat i la salpebrem. En una cassola amb oli i bitxo hi passem la llagosta fent-li una volta i volta. La traiem i la reservem una mica però, això sí, li retirem el bitxo. En el mateix oli hi posem el pebrot verd i la ceba a enrossir, i procurem que quedin com melmelada; a continuació hi tirem el tomàquet. Quan ja està el sofregit li tirem les patates i les cobrim amb el fumet. Les fem bullir procurant que no es desfacin. Li afegim la llagosta i deixem que s'acabin de coure les patates. Finalment li tirem una picada feta amb alls, julivert, pebre i ametlles. La cassola sempre tapada.

Ho servim ben calent.

# *Llamàntol amb cargols*

***✔ Ingredients***

llamàntol
cargols
pebrot vermell escalivat
alls escalivats
ceba escalivada
1 galeta maria
tomàquet
pebre negre
sal i oli
nyora
alls i julivert
2 fulles de llorer

***✔ Preparació***

Bullim els cargols després de fer-los ben rentats i els reservem a part. En una cassola fonda (i amb tapadora) enrossim el llamàntol prèviament fet a talls grossos i els treiem quan quedin vermells. Triturem el pebrot, els alls, la ceba i el tomàquet, tot escalivat, i ho afegim a la cassola. Afegim el pebre negre, la nyora i les fulles de llorer. Fem que cogui tot plegat juntament amb el llamàntol i els cargols. En un morter preparem una picada d'alls, ametlles, julivert i una galeta maria (si el suc queda clar). En el mateix suc de la cassola desfem la picada i la tirem. Tapem uns minuts perquè cogui i tanquem el foc.

Si aquest plat el fem d'un dia per l'altre és molt més bo, però si el tornem a escalfar hi afegim una mica d'aigua. Queda molt bo si, a més a més, quan es passin els trossos de llamàntol per la cassola tirem un raig de conyac i els flamegem.

# *Llamàntol amb gambes, cloïsses i ensalada russa*

### ✔ *Ingredients*

1 llamàntol viu
gambes
cloïsses
tomàquets
maionesa
ensalada russa

***Per a la salsa del llamàntol***
crema de llet
el contingut del cap de les gambes
mantega
pebre negre o blanc

### ✔ *Preparació*

Bullim les gambes durant 1 minut i els treiem el cap per fer la salsa. Les cues les pelem quan ja estan fredes perquè d'aquesta manera no es trenquin. Les cloïsses les obrim al vapor i els traiem una de les valves. Escaldem els tomàquets per treure'ls la pell, els buidem de granes i els farcim d'ensalada o maionesa —fem el guarniment a gust de cadascú—, i posem les gambes per sobre. El llamàntol el bullim uns 9 minuts i després el deixem refredar. Traiem la closca, i el cap el retallem i netegem. Seguidament el farcim amb ensalada russa. El llamàntol el posem en un plat gran. Per guarnir-lo li posem al cap i a la cua un parell de potes. El podem servir fred o calent. També podem substituir la salsa per maionesa.

***Preparació de la salsa***

El contingut del cap de les gambes el posem en una paella o cassó. Li tirem una mica de crema de llet, la mantega i el pebre. Remenem bé fins que arrenqui el bull. Seguidament l'aboquem per sobre del llamàntol.

# *Lluç o rosada amb pèsols*

✔ ***Ingredients***

peix a rodanxes
pèsols
pebre negre o blanc
oli i sal
farina blanca
alls i julivert

✔ ***Preparació***

Fem bullir els pèsols molt a poc a poc, procurant que no es desfacin, i els deixem refredar en la mateixa aigua amb què els hem bullit. Agafem una cassola de terra, posem oli i uns alls tallats, procurant que no s'enrosseixin i així evitem que amarguin el plat. Agafem el peix, el passem per farina blanca i el posem a la cassola amb una mica de suc dels pèsols, fumet de peix o aigua. Anem remenant la cassola amb molt de compte perquè no es trenqui el peix. Deixem que cogui molt a poc a poc, i de seguida ja és cuit. Apaguem el foc, però abans tastem com està de sal i de pebre. El suquet queda blanc i molt bo. Per sobre li tirem julivert trinxat i ja ho tenim.

# *Lluç a la basca*

✔ ***Ingredients***

rodanxes de lluç
pèsols
alls i julivert
vi blanc sec
cloïsses
espàrrecs
ous
sal i oli
pebre

✔ ***Preparació***

Bullim els ous de 10 a 12 minuts. Durant l'ebullició els remenem amb una cullera de fusta per tal que el rovell quedi al centre i faci més goig. També bullim els pèsols i els guardem amb la mateixa aigua perquè així queden sencers; a més a més aquest suc l'aprofitem per afegir-lo després a la cassola. Agafem una cassola de terra i li posem oli; hi tirem uns quants alls tallats procurant que no s'enrosseixin i una mica de julivert fet a trossos petits. Seguidament afegim un got d'aigua, el suc de la llauna d'espàrrecs, el suc dels pèsols i l'aigua colada de les cloïsses. En aquest suc no hi posem sal, ja que n'hi hem tirat abans quan hem fet bullir els pèsols i el suc dels espàrrecs també en porta, així com el suc de les cloïsses. També posem un raig de vi sec. Ara salem les rodanxes de lluç i les passem per farina blanca. Després les posem directament a la cassola ben col·locades, procurant que no es posi a bullir fins que hi estiguin totes, ja que el lluç ha de coure molt poc. Tirem els pèsols, les cloïsses, els ous partits i, per últim, els espàrrecs, procurant que quedi tot ben col·locat. Pel damunt hi tirem una mica de julivert picat i el pebre.

La cassola no s'ha de remenar, sinó sacsejar amb les dues mans tirant d'un cantó cap a l'altre, ja que així no es fa malbé el peix.

## *Mandonguilles amb escamarlans*

### ✔ *Ingredients*

mandonguilles (fetes seguint la recepta que teniu en aquest mateix llibre)
escamarlans o gambes
1 ceba
2 tomàquets
alls i julivert
conyac
xocolata negra
sal
sucre
pebre negre
ametlles torrades

### ✔ *Preparació*

Fem un sofregit de ceba i un parell de tomàquets ratllats amb un xic de sucre. Fetes ja les mandonguilles, que afegim a la cassola, les cobrim d'aigua o fumet de peix, i els fem arrencar el bull. Seguidament hi tirem els escamarlans o les gambes. També podem afegir un altre marisc, com ara musclos, cloïsses... i deixem que bullin una estona. Seguidament fem una picada al morter de: ametlles, alls, julivert i un trosset de xocolata negra. Ho tirem a la cassola, deixem que faci un tomb i ja està. En aquest moment rectifiquem de sal, si cal.

Aquest plat el podem guardar uns quants dies a la nevera, com també el podem guardar al congelador. Si tornem a escalfar-lo, convé que li tirem una mica d'aigua, ja que les mandonguilles es beuen el suc.

## *Musclos amb salsa blanca*

### ✔ *Ingredients*

musclos
mantega o margarina
alls
farina
pebre negre (opcional)

### ✔ *Preparació*

Netegem els musclos i els fem ben rascats. Els obrim al vapor, però amb una mica d'aigua. Guardem el suc per fer-lo servir més tard. En una paella posem la mantega o margarina i la fem fondre. Li tirem els alls pelats, tallats ben petits, i els saltegem procurant que no quedin cremats, així evitem que la salsa quedi amarga. Per cada quilo de musclos hi tirem una cullerada de farina blanca a la mantega; després tirem una mica del suc dels musclos ben colat. Anem remenant fins que quedi cremós. Rectifiquem el punt de sal i li afegim un xic d'aigua. Si ens agrada li podem afegir pebre negre.

## *Rap amb gambes i festucs (allagostinat)*

***✔ Ingredients***

1 cua de rap
gambes vermelles
festucs
pebre vermell dolç
cebes
alls
1 pot de crema de llet
oli d'oliva
sal

***✔ Preparació***

De la cua del rap fem dos talls lligats amb el tall rodó. Els passem pel pebre vermell i els salem. Ho deixem tota una nit a macerar. En una cassola de terra posem oli i saltegem les gambes, les traiem i a continuació rostim el rap. Posem molta ceba tallada a la juliana i alls. Deixem refredar el rap i triturem tot el contingut del suc posant-hi molts festucs com a picada. També afegim ara el potet de la crema de llet. Quan el rap estigui fred el fem a trossos com si fos un tall rodó i posem els talls a la cassola, on tenim la salsa triturada i colada. Queda una mica espès.

A l'escalfar-lo per servir-lo podem afegir una mica de llet o aigua perquè no s'enganxi. Per servir-lo fem servir la imaginació, ja que tot depèn de la distribució dels talls i de les gambes. També queda molt bé amb uns quants musclos de roca petits. Aquest plat el podem congelar tapant-lo molt bé.

# *Rap a la marinera*

### ✔ *Ingredients*

| | |
|---|---|
| rap tallat a rodanxes | vi blanc sec |
| musclos o cloïsses | sal i oli |
| ceba | pebre negre |
| 1 pastanaga | sucre (molt poc) |
| 1 tomàquet | pa ratllat o crema de llet |
| pèsols | pebre negre |
| farina | |
| ametlles torrades | |
| alls i julivert | |
| herbes (farigola, sajolida o orenga, llorer) | |
| 3/4 litre d'aigua o fumet de peix (calent) | |

### ✔ *Preparació*

Salem el rap i el reguem amb el suc de llimona. Enfarinem i fregim el rap; després el traiem i el reservem. Amb el mateix oli de la paella sofregim una ceba tallada. A mig sofregir li afegim una pastanaga i després un tomàquet trossejat; aleshores tirem una miqueta de sucre per evitar l'amargor del tomàquet al coure's. Deixem que cogui tot. Coem els musclos o cloïsses amb aigua i un raig de vi blanc. En una cassola gairebé plana posem el sofregit amb els talls de rap i l'aigua o el fumet de peix i ho deixem coure una mica. A part fem una picada d'ametlles, alls i una mica de julivert. Per espessir la picada podem barrejar pa ratllat o crema de llet. Tirem la picada i rectifiquem el punt de sal i de pebre.

Finalment bullim els pèsols i els deixem refredar en el seu suc, ja que així queden més sencers, i a més aquest mateix suc pot servir-nos per afegir si falta líquid a la salsa. Ho guarnim amb els musclos o cloïsses i julivert picat.

## *Salmó marinat*

### ✔ *Ingredients*

1 salmó tallat a filets, amb pell i sense espines
sal granada
1 litre d'oli de gira-sol
anet fresc o sec

### ✔ *Preparació*

Cobrim el salmó amb sal granada, que toqui exclusivament la pell, durant unes 24 hores. Passat aquest temps li traiem la sal, l'esbandim i l'assequem. Un cop fet això posem els dos lloms oberts i coberts d'oli de gira-sol unes 48 hores. Després d'aquest temps li escorrem l'oli amb papers absorbents i els tallem laminats com si es tractés de salmó fumat.

L'anet el podem posar barrejat amb la sal o bé després, un cop tallat. És ideal servir-lo amb pa amb tomàquet o amb torrades i mantega.

# *Sardines amb casaca*

✔ ***Ingredients***

1 quilo de sardines
4 cullerades de farina
1 ou
1 got d'aigua
2 grans d'all
julivert
pebre blanc
sal i oli

✔ ***Preparació***

Netegem les sardines i els traiem el cap i l'espina. Les salpebrem. A continuació barregem l'aigua amb la farina i un pols de sal. Ho remenem bé i li mesclem els alls i el julivert tallat ben petit, i així també l'ou. En funció de com es vulgui d'espessa la casaca tirem més farina o més aigua. Seguidament escalfem l'oli en una paella i arrebossem les sardines, que fregim bé a foc baix. Les podem servir tant fredes com calentes.

# *Sardines en escabetx*

### ✔ *Ingredients*

sardines
oli i sal
vinagre
herbes aromàtiques (2 fulles de llorer, farigola, etc.)
pebre vermell dolç
alls
farina blanca

### ✔ *Preparació*

Rentem les sardines sense fer res més, només les esbandim. Les salem, les enfarinem i les fregim. A continuació les posem en una cassola de fang capiculades. Com a següent pas rentem la paella i si l'oli ha quedat net n'aprofitem una mica, però sinó posem oli net a la paella. A més posem el vinagre, les herbes, els alls (secs o tendres), la sal, el pebre vermell i el llorer. Tot plegat ho deixem bullir 2 o 3 minuts i ràpidament ho tirem per sobre de les sardines, que les tapem de seguida.

Més tard, ja un cop fredes, les guardem a la nevera i al cap de 2 o 3 dies ja ens les podem menjar. Després les podem seguir guardant a la nevera perquè com més dies passen més bones són. Tenen molt de temps de durada, com a conseqüència del fet que el vinagre les conserva i la nevera també.

# Pastís de sardines

### ✔ Ingredients

1/2 quilo de sardines
1 paquet de puré de patates
1/2 litre d'aigua
25 g de mantega
2 rovells d'ou
2 llimones
tomàquet
olives negres
maionesa
pa ratllat (pel motlle)
sal i oli
pebre negre
nou moscada

### ✔ Preparació

Netegem les sardines i les fregim. Un cop fredes els traiem la pell i les espines. Preparem el puré de patates amb 1/2 litre d'aigua, la mantega i la sal corresponent. Li afegim el peix esmicolat, la mica de nou moscada, els 2 rovells d'ou, el suc de llimona i el pols de pebre negre. Untem un motlle rodó amb oli i espolsem una mica de pa ratllat. Omplim el motlle amb la barreja i ho guardem a la nevera. Quan ho anem a servir ho guarnim amb tomàquet tallat rodó per sobre i uns talls de llimona.

Podem acompanyar-ho també amb olives negres i una amanida d'enciam o escarola. Per preparar el puré de patates seguim les instruccions del paquet comprat, encara que també podem fer-lo nosaltres amb patates bullides i triturades amb llet.

# *Sarsuela de peix*

### ✔ *Ingredients*

*La sarsuela consta de 3 o 4 classes de peix segons es vulgui. Recomanem: lluç, llagosta, musclos, cloïsses, rap, nero, llenguado, sarg, calamars, gambes, llagostins, etc.*

vi blanc
julivert
ceba
llimona
xocolata negra (poca)
vi blanc sec
sal i oli
galetes maria
ametlles torrades

***Per fer la picada:***
alls i julivert
la polpa d'una nyora
tomàquet (poc)
galeta maria
ametlles torrades

### ✔ *Preparació*

El peix, tallat a rodanxes, el salpebrem i el passem per la paella perquè quedi un xic consistent. Colem l'oli i a la mateixa paella passem el peix d'esclova com els llagostins o les gambes. Sofregim la ceba i li afegim un xic de tomàquet. Els musclos i les cloïsses les fem al vapor i colem el suc, que tirem a la cassola juntament amb una mica de vi blanc sec. Fem així un fumet de peix que pot ser de rap o de qualsevol altre peix que sigui fresc (cap de lluç...) Posem el peix a la cassola i deixem que arrenqui el bull molt a poc a poc, procurant que no es desfaci. Fem aleshores la picada i l'agreguem. Tastem de sal i afegim fumet o una mica d'aigua, si veiem que queda amb poc suc.

És més bona si està feta del dia abans. Si l'hem d'escalfar, ho farem al forn o al foc afegint-hi un xic d'aigua.

## *Seitons en vinagre*

**✔ *Ingredients***

seitons
sal i oli
vinagre
alls i julivert

**✔ *Preparació***

Netegem els seitons i els traiem l'espina central. Els posem dins d'una cassola petita de fang, els salem generosament i els cobrim de vinagre. Després deixem aquesta cassoleta tapada a la nevera durant uns quants dies. El dia en què anem a degustar-los traiem els seitons de la cassoleta i els posem en un plat ben col·locats. Tallem all i julivert ben petit i ho tirem per sobre. Finalment ho amanim amb un bon raig d'oli d'oliva. També podem menjar-ne com a aperitiu.

## *Suprema de salmó*

**✔ *Ingredients***

salmó
poma
crema de llet
oli

**✔ *Preparació***

Fregim el salmó i el reservem (no aprofitem l'oli de fregir el salmó, ja que queda molt gras, però si ho féssim amb rap aleshores sí que podríem colar l'oli i el podríem tornar a fer servir). Tallem una poma a grills i la fregim fins que quedi ben rossa. Tirem la crema de llet, remenem i la passem per la batedora. Aquesta salsa la posem per sobre del salmó i ja ho tenim.

# *Sípia amb mandonguilles*

## ✔ *Ingredients*

1 sípia grossa
150 g de carn picada de porc
150 g de carn picada de vedella
1 ou
farina de galeta
farina blanca
alls i julivert
pebre negre
1 peça petita de xocolata
sal i oli
1 ceba
ametlles torrades
vi blanc o ranci

## ✔ *Preparació*

Netegem la sípia i la tallem a trossos. En una cassola fonda posem oli i la sípia en fred. La passem per la cassola i li tirem un raig de vi blanc o ranci i la ceba esmicolada. Li donem uns tombs. Afegim aigua fins que la cobreixi i ho deixem coure fins que estigui tova. Per fer les mandonguilles barregem les dues carns picades, dos o tres grans d'all tallats petits, el julivert, la sal, el pebre i l'ou sencer. Ho treballem tot ben barrejat juntament amb una mica de farina de galeta. Les mandonguilles les fem ben petites perquè així amb la sípia agafen més gust. Finalment les passem per farina blanca i les fregim. Un cop fetes les afegim a la cassola i les cobrim d'aigua, deixant-les que coguin una mica. Fem una picada amb ametlles, julivert, alls i xocolata, i l'afegim. Comprovem el punt de sal en aquest punt, ja que la sípia té un gust fort.

Aquest plat reposat és molt més bo, però si l'escalfem perquè quedi bé hi afegim una mica d'aigua.

# *Sípia ofegada a l'estil mariner*

***✔ Ingredients***

1 sípia
ceba
alls i julivert
fulles de llorer
patates
tomàquets
ametlles torrades
safrà
vi ranci
allioli (opcional)
sal i oli
pebre negre

***✔ Preparació***

Aquest plat es prepara tot en fred, menys les patates, que les posem a última hora. Si ens és possible ho fem en una olla xata de terra. Dins l'olla hi tirem un raig generós d'oli, la sípia, la ceba tallada —si són cebes petites les posem senceres—, el llorer, el pebre, els tomàquets ratllats i una mica d'aigua, però no massa per evitar que la sípia en desprengui i hi hagi massa brou. Tapem l'olla amb un plat ple d'aigua. Quan la sípia està tova hi tirem les patates a talls normals i ho bullim a foc mitjà, procurant que no es desfacin. Per últim, li tirem una picada d'ametlles torrades, alls, julivert, uns brins de safrà i un raig de vi ranci, i deixem que bulli uns 2-3 minuts. Segons el gust de cadascú ho podem servir acompanyat d'allioli.

# *Sípia amb patates*

### ✔ *Ingredients*

  patates
1 sípia
1 cabeça d'alls
  julivert
  tomàquet
  brou de peix
  oli i sal
  pèsols (opcional)
  ametlles torrades (opcional)

### ✔ *Preparació*

Netegem la sípia, la tallem a trossos i la passem per la cassola amb l'oli encara fred. Li afegim la ceba tallada i al cap d'una estona li afegim un parell d'alls tallats. Trinxem o ratllem el tomàquet i l'anem afegint a la cassola remenant-lo tot sovint. Si ho fem amb pèsols convé bullir-los a part, deixar-los refredar després de bullir i guardar el suc per afegir-lo després per a coure la sípia. Bullim la sípia i quan estigui tova és senyal que ja podem afegir les patates a rodanxes i esqueixades (és a dir, amb un tallet). Les cobrim amb aigua o brou de peix i ho bullim tot plegat tapat. Gairebé al final afegim els pèsols en cas d'haver-los fet servir.

Si ens ve de gust preparem una picada amb un parell d'alls, julivert i unes ametlles torrades. Li tirem la picada pel damunt i ho tapem. També queda molt bé amb un allioli negat. Ens quedarà millor si ho fem amb una cassola de terra.

# *Sípia amb pèsols*

### ✔ *Ingredients*

sípia
pèsols
ceba
1 tomàquet
1 cabeça d'alls
1 got de vi blanc
1 o 2 galetes maria
ametlles torrades
1 tros de xocolata negra
julivert
oli i sal
1 fulla de llorer (opcional)
allioli (opcional)

### ✔ *Preparació*

En una olla de terra o cassola *cocotte* fonda escalfem oli i li tirem la sípia neta i tallada a trossos. Afegim una cabeça d'alls, un tomàquet sencer, la ceba trossejada i una fulla de llorer si ens agrada. Deixem que la sípia deixi anar l'aigua que porta i fem que bulli força estona. Quan s'hagi begut una mica l'aigua i hagi bullit molt tirem un got de vi blanc i deixem que segueixi bullint a mig gas. En aquesta primera part de la preparació de la recepta no tirem gens de sal. En una olla a part bullim els pèsols molt a poc a poc perquè no es desfacin, i un cop bullits els deixem refredar amb el mateix suc per tal que ens quedin sencers. Un cop la sípia està molt tova li tirem una mica de suc dels pèsols. En el morter aixafem uns quants alls, ametlles torrades, una o dues galetes maria i un tros de xocolata. Aboquem la picada a la cassola juntament amb el julivert trinxat petit. Ho deixem bullir tot plegat amb la sípia uns minuts. Finalment incorporem els pèsols, fem una remenada i apaguem el foc. Aquest plat queda molt bé si l'acompanyem amb allioli.

# *Tonyina a la cassola*

✔ ***Ingredients***

tonyina
ceba
1 tomàquet madur
alls i julivert
pebre negre
oli i sal
sucre
aigua o fumet de peix

✔ ***Preparació***

Salem la tonyina i la fregim en una paella. Un cop fregida la guardem a part. Mentrestant, en una cassola fregim força ceba. Quan ja està cuita li afegim el tomàquet madur ratllat i li tirem una mica de sal i un pols de sucre. Ara preparem una picada d'alls i julivert amb una mica de pebre negre. Tot seguit posem la tonyina a la cassola amb una mica d'aigua o fumet de peix i li afegim la picada que acabem de fer. Per últim deixem que cogui una mica, però no massa.

# *Truites de riu a la molinera*

### ✔ *Ingredients*

truites de riu
farina blanca
llet
oli i sal
suc de llimona
julivert
mantega

### ✔ *Preparació*

Netegem les truites de riu i les salem sols per la part de la ventresca. Posem la paella al foc amb oli.

Un cop l'oli està calent, passem les truites de riu per llet i després per farina blanca. Ara les fregim a poc a poc procurant que coguin de dintre sense que es cremin per fora. Les posem en una safata i les salem per fora. Procurem que no es refredin, les hem de conservar calentes. Seguidament netegem la paella i li posem mantega a fondre. Quan ja s'hagi fet transparent la tirem per sobre les truites de riu, tirant-hi també el suc de llimona. A l'hora de servir-les, que ho fem estant ben calentes, tirem a més el julivert trinxat.

## *Verats a la brasa macerats*

**✔ *Ingredients***

verats mitjans o grans
alls i julivert
pebre negre
farigola
suc de llimona o vinagre
sal i oli

**✔ *Preparació***

Procurem que siguin verats ben frescos, ja que si són acabats de pescar tenen millor gust. Un cop els tenim, els netegem i els traiem l'espina central de dalt a baix. Tot seguit els macerem amb sal, pebre, oli, vinagre o llimona. Els posem dintre d'una carmanyola ben hermètica i els deixem a la nevera unes hores, sense oblidar-nos d'esmicolar una branca de farigola pel damunt. Després els fem a la brasa, encara que també els podem fer a la paella, al forn o a la planxa. Els servim amb all i julivert pel damunt, a més d'un raig d'oli.

# *Xató de l'Àvia Remei*

***✔ Ingredients***

escarola de cabell d'àngel
bacallà desfilat, dessalat i esqueixat
anxoves
salsa romesco
pebrot escalivat
ravenets
truita de mongetes blanques
olives arbequines negres o sevillanes negres o mortes
oli d'oliva

***Salsa per a xató (romesco especial per a xató)***

14 ametlles torrades
5 alls pelats
2 alls escalivats
1 tomàquet madur escalivat
1 ceba
oli d'oliva
bitxo (amb moderació)
vinagre
nyora
1 molla de pa sec remullada en vinagre

***✔ Preparació***

Posem la nyora en remull perquè es reinfli, ja que solament aprofitem la polpa, que és molt fina. La rasquem amb un ganivet. Tota la resta d'ingredients els posem en el morter i els aixafem plegats. També podem fer servir un triturador elèctric. La truita la fem amb mongetes cuites i passades per la paella, procurant fer una truita molt prima, simplement per aconseguir un canvi de color i perquè és molt més bona així, ja que és un plat que atipa molt. El plat el podem presentar en una safata gran o en racions individuals a gust de cadascú. Ho adornem al nostre gust amb gràcia, per exemple, podem posar-hi ravenets amb una fulleta, una mica de pebrot vermell, les anxoves i per últim, tirar-li la salsa per sobre, fent una mica de muntanyeta, que d'aquí li ve el seu nom.

*Diuen que amb aquest nom de* xató *el va batejar Santiago Rosiñol. Com que no tenia un nom concret i es tractava simplement com una amanida, quan l'hi presentaren va exclamar: "això és un xató!". I així va quedar "batejat". Bon profit i visca la xatonada!*

## *Peix al vapor*

***✔ Ingredients***

- peix
- patates
- pastanagues
- cebes
- julivert
- sal i oli
- pebre
- paper d'alumini

***✔ Preparació***

Tallem un full de paper d'alumini d'uns 30-40 cm. L'untem amb una mica d'oli. A sobre li posem patates i cebes tallades primes. Al damunt hi col·loquem el peix net a sobre i el salpebrem. Ratllem una mica de pastanaga per sobre i tirem un bon raig d'oli d'oliva. Ho tapem amb el paper d'alumini i ho introduïm al forn ja calent durant uns 20-25 minuts. Ho servim amb el mateix paper tancat.

# *Peix al forn*

### ✔ *Ingredients*

peix gros, per anar al forn
1 llimona
1 raig de vi blanc sec
pebre negre
pebre vermell dolç
sal i oli
pa ratllat
alls i julivert
ametlles torrades
tomàquet madur
patates (opcionals)

### ✔ *Preparació*

Netegem el peix deixant-lo sencer i el salem. A continuació li fem uns talls al llom, sense acabar de travessar-lo, on hi posem unes rodanxes de llimona. El posem en una safata d'anar al forn amb una base de patates tallades rodones i passades per la paella. Li tirem per sobre un raig d'oli i llimona i, seguidament, ho introduïm al forn a temperatura mitjana. Mentre el peix es va coent fem una picada en el morter d'alls, de julivert, d'ametlles i un pols de pa ratllat. Afegim seguidament el tomàquet sense llavors —millor si està escalivat—, el vi, el pebre negre i el vermell, i ho remenem tot molt bé. Ara tirem la picada per damunt del peix abaixant el foc i, durant uns minuts, anem regant el peix amb el suquet de la picada.

Si el deixem aproximadament una mitja hora no quedarà ni ressec ni massa cuit, tot depèn de quina sigui la mida del peix.

# *Peix amb suc a l'all cremat*

✔ *Ingredients*

peix de tall (corball, lluerna, rata, escrita o rajada, escórpora, seitó sense espina, déntol...)
2 tomàquets
farina
sal i oli
alls
1 branca de julivert
safrà
vi blanc
1 nyora

✔ *Preparació*

Qualsevol d'aquests peixos el podem fer a l'all cremat.

En una cassola una mica fonda posem oli i sofregim els alls; els traiem tan bon punt s'enrosseixin i els reservem. Tallem un parell de tomàquets per la meitat i els posem a la cassola. Enfarinem el peix i el posem a la cassola. Tirem un raig de vi blanc, 2 brins de safrà i la polpa d'una nyora remullada. Amb els alls i la branca de julivert fem una picada, que també afegim a la cassola. Procurem tenir la cassola tapada perquè no perdi l'aroma del peix i anem vigilant que no es desfaci. Un cop cuit ja ho tenim.

# *Pastís de peix*

### ✔ *Ingredients*

peix (lluç, salmó, rap, gambes, etc.)
tàperes
llorer
crema de llet
2 ous
seitó
sal
oli o mantega
tomàquet (opcional)
gambes (opcional)

### ✔ *Preparació*

Fem el peix a talls grans i el posem a bullir poc. Després li traiem les espines i la pell. Seguidament l'aixafem amb una forquilla procurant que el peix quedi fort, no triturat (no el bullim massa). Per sobre del peix aixafat hi tirem la crema de llet i les tàperes. Si hi posem gambes fregim els caps i només hi posem el suc que fan. Si es vol podem afegir-hi una mica de suc de tomàquet passat per la paella. Triturem el seitó i el barregem amb dos ous batuts. Untem mentre un motlle amb oli o mantega i ho tirem tot a dins i ho posem al forn al bany maria durant uns 20 minuts.

Punxem amb una agulla o escuradents, i si surt neta és que ja està fet. Deixem que es refredi per desemmotllar-lo. El podem servir fred o calent, però l'hem de guardar a la nevera i, si el volem calent, l'escalfem al microones.

## Conill amb bolets

### ✔ Ingredients

1 conill tendre
bolets (rovellons, rossinyols, llenegues, ceps, etc.)
1 ceba
1 tomàquet
alls i julivert
ametlles torrades
2 galetes maria, un borreguet o pa torrat
herbes aromàtiques (farigola, sajolida, etc.)
sal i oli
pebre negre
vi blanc
suc de llimona o vinagre
xocolata negra (opcional)

### ✔ Preparació

Trossegem el conill, el salem i el posem amb una mica de pebre negre, un raig de llimona o vinagre al gust de cadascú i el fregim a la paella. Netegem els bolets i o bé els bullim o bé els fregim. Colem l'oli i el posem en una cassola de terra. Tallem la ceba i l'enrossim, i tirem una mica de tomàquet. Afegim les herbes aromàtiques, el conill i una mica de vi blanc. Tapem la cassola —si ho creiem convenient afegim un mica d'aigua— i ho deixem coure. Els bolets els posem a última hora. Posem al morter els alls, el julivert, les ametlles torrades i les galetes maria; ho piquem tot plegat procurant que ens quedi una picada molt fina i l'afegim. En aquesta picada, si ens agrada, hi podem posar una mica de xocolata negra.

# *Conill a la caçadora*

### ✔ *Ingredients*

1 conill
ceba
pastanaga
2 o 3 fulles de llorer
farigola
1/2 branca de canyella
vi blanc sec (amb negre el conill queda fosc)
vinagre
sal
pebre negre
farina
oli o llard
alls i julivert
ametlles

### ✔ *Preparació*

Fem el conill a talls i els posem en una safata plana ja ben posats. Aboquem pel damunt un raig de vinagre, la sal, el pebre, la ceba tallada, el llorer, la farigola i la canyella. Tot això ho deixem macerar un parell d'hores. En una olla fonda o cassola que tapi ajustadament hi posem el conill enfarinat, un raig d'oli i una llosada de llard. Posem el foc fort, que ens quedi una mica sobtat, és a dir, que cogui ràpid i s'estigui poca estona. Tirem un got petit de vi sec, el pebre i el vinagre, així fem el suc del macerat. Després hi tirem la pastanaga tallada. Ho tapem i ho deixem coure a foc baix. Per remenar-ho és preferible que sacsegem la cassola o olla fins que quedi tou i ben cuit. Afegim una mica d'aigua i procurem que quedi amb una mica de suc. Deu minuts abans d'apagar el foc, fem una picada d'ametlles, alls i julivert, i ho afegim.

# *Conill amb cargols i gambes*

## ✔ *Ingredients*

1 conill
cargols (rentats i bullits)
gambes
1 ceba
tomàquet
alls
farigola
conyac o vi ranci
sal i oli
pebre

***Per a la picada***

pa torrat o fregit
alls i julivert
pebre negre en gra

## ✔ *Preparació*

Trossegem el conill i el salem. El passem per la paella fins que quedi una mica enrossit i el reservem a part. Colem l'oli. En una cassola enrossim una ceba. A continuació afegim uns alls sencers, la farigola, el tomàquet fet en tres o quatre trossos i un raig de conyac o vi ranci. Seguidament hi tirem les gambes, els cargols i el conill. Deixem tot plegat que faci xup-xup i li afegim una mica d'aigua calenta perquè no perdi el bull. Fem la picada i la tirem a la cassola. Per acabar, si convé, li podem afegir més aigua.

# *Conill amb samfaina*

### ✔ *Ingredients*

1 conill tendre
tomàquet
ceba
pebrot verd
pebrot vermell
albergínia
pebre negre
oli i sal
sucre

### ✔ *Preparació*

Tallem el conill a trossos petits. El salpebrem i el fregim amb oli en una paella. Un cop els trossos fregits els reservem en un plat. Colem l'oli del conill i el posem en una cassola de terra. Tallem la ceba en forma de lluna ben fina i la fregim fins que comenci a enrossir una mica. Tirem els pebrots verd i vermell, tallats ben petits, i fem igual amb l'albergínia. També afegim la sal, un pols de sucre i una mica de pebre negre. Quan estigui tot sofregit aboquem el tomàquet ja tallat. Si el tomàquet és d'una temporada que no té massa suc hi afegim una mica d'aigua, tal com convingui. Quan hagi fet un tomb, tirem el conill i el deixem coure una estona fins que estigui tou.

Aquest plat pot fer-se d'un dia per l'altre; tinguem en compte que quan es torna a escalfar és aconsellable afegir-hi una mica d'aigua perquè no s'enganxi a la cassola.

# *Oca amb peres*

## ✔ *Ingredients*

| | |
|---|---|
| 1 oca | |
| aigua o brou fet d'oca (coll, pedrer, porro, pastanaga...) | |
| herbes aromàtiques (farigola, romaní, sajolida, llorer, etc.) | |
| peres fortes i verdoses | |
| oli o llard | julivert |
| 1 cabeça d'alls | ametlles torrades |
| cebes petites | 1 galeta maria |
| 2 pastanagues | ametllats |
| 1 branca de canyella | conyac o vi ranci |
| vinagre | sal |
| 1 tomàquet | pebre |

## ✔ *Preparació*

L'oca, un cop morta i plomada, la fem a talls procurant que siguin grossets. Traiem tot el greix que sobri, ja que acostumen a tenir-ne molt. Després els salpebrem. Posem oli o llard en una cassola gran i enrossim els talls (també els podem enrossir en una paella a part). Després hi posem les herbes, una cabeça d'alls sencera, les pastanagues, el tomàquet i les cebes senceres. Quan tot està ja enrossit, hi tirem el raig de conyac o vi ranci, el vinagre i la branca de canyella. Després afegim l'aigua o brou que ja el tindrem fet amb el coll de l'oca. Deixem que tot cogui força estona ja que la carn d'oca és una mica més forta que la de l'ànec. Mentrestant, pelem les peres —si són petites les deixem senceres, però si són grosses les tallem en dos o tres trossos— i quan l'oca estigui quasi cuita les afegim i les tenim molt poc temps al foc perquè no se'ns desfacin. Finalment fem la picada (amb el julivert, les ametlles torrades, els ametllats i la galeta maria) i la tirem a la cassola. És un plat que resulta molt més bo si el fem el dia abans, ja que el fet de reposar aconsegueix que el gust es concentri.

# *Pollastre arrebossat*

✔ *Ingredients*

pit de pollastre tallat a filets
ou
sal i oli
suc de llimona
farigola
pebre negre
julivert
farina

✔ *Preparació*

Unes hores abans, salpebrem els filets de pollastre i els hi tirem el suc de llimona i la farigola per sobre. Deixem que tot plegat reposi una estona a la nevera i després ho traiem. Escalfem oli a la paella. Agafem els filets macerats i els passem primer per farina blanca i després per ou batut. Els fregim i els posem en un plat.

A l'hora de servir els hi deixem caure julivert trinxat pel damunt.

# *Pollastre a la cervesa*

### ✔ *Ingredients*

1 pollastre
cebes
1 cervesa de pot
sal
pebre
alls sencers
oli o llard

### ✔ *Preparació*

Fem el pollastre a talls i els enrossim amb oli o llard i els reservem a part. En el mateix oli sofregim la ceba, salpebrem i posem els alls. Reincorporem el pollastre a la cassola i li afegim la cervesa, deixant que cogui tot plegat fins que el pollastre quedi tou. Aquest plat el podem acompanyar amb compota de poma. Tanmateix podem substituir la cervesa per cava.

# *Pollastre amb escamarlans*

### ✔ *Ingredients*

1 pollastre
escamarlans
1 tomàquet
ametlles torrades
2 galetes maria
vi ranci o conyac
1 ceba
alls i julivert
herbes aromàtiques
oli o llard
sal
pebre

### ✔ *Preparació*

Tallem el pollastre a trossos normals i el posem en una cassola amb oli o llard. Un cop fet això els reservem. En el mateix oli passem els escamarlans i els reservem també. Sofregim una ceba tallada petita i li afegim el tomàquet i les herbes. Hi incorporem de nou el pollastre amb un raig de vi o conyac. Deixem que cogui tot i després hi afegim els escamarlans i una picada feta amb les galetes, el julivert, les ametlles i els alls. Si cal hi afegim un xic d'aigua perquè cogui millor i no s'enganxi.

# *Pollastre amb farcellets de col*

✔ ***Ingredients***

1 pollastre
1 ceba
tomàquet
alls
sal
ametlles torrades
farina
1 col
espècies (canyella, pebre negre i safrà)
herbes aromàtiques (julivert, farigola i sajolida)
conyac o vi ranci

✔ ***Preparació***

Un cop hem tallat i salpebrat el pollastre, el podem rostir o fregir abans de posar-lo a la cassola amb els alls i les herbes aromàtiques. Fem bullir la col uns 3 minuts, una bullida simbòlica, l'escorrem i la passem per aigua freda per tal d'aturar la cocció. Les fulles que ens pugin sortir dures les tallem, i el tronc pel mig, i ho posem damunt d'un drap de cuina perquè ens quedi la col sense gens d'aigua.

Fem uns farcellets que, si volem, els podem farcir amb carn picada que passarem per la paella. Tot seguit tanquem els farcellets amb un fil o un escuradents. Enfarinem els farcellets i els fregim amb la mateixa paella.

Al mateix temps fem una picada amb el morter d'ametlles, de julivert i d'uns brins de safrà que tindrem preparats, a ser possible torradets, que donen més bon gust.

Quan el pollastre està fet, tirem a la cassola els farcellets i la picada (si tenim poc suc, podem afegir-hi una mica d'aigua, però si guardem una mica de suc d'haver bullit la col millor). Deixem que faci una mica de xup-xup i ja està a punt per menjar.

## *Pollastre farcit de Nadal*

✔ ***Ingredients***

1 pollastre sencer (net per dins)
prunes seques
panses
pinyons
1 préssec sec
1 albercoc sec (*orellanes*)
salsitxes
llard
sal i oli
pebre negre
conyac
cebetes petites

✔ ***Preparació***

Posem les fruites seques en remull o les escaldem. Traiem els peduncles de les panses. Els pinyons els passem per la paella fins que quedin rossos, amb oli i llard. Fregim les salsitxes. Posem tot el farcit a dintre del pollastre ja salat. Cosim el forat del pollastre o el tanquem amb un escuradents. Tirem per sobre un raig de conyac. Untem el pollastre amb llard, d'aquesta manera evitem que se'ns cremi. No obstant això, segons la força del forn hi posem un paper d'alumini perquè no se'ns pugui cremar, ja que al forn està dues hores aproximadament. Per presentar-lo a la taula podem fer-ho amb la mateixa safata del forn i així aconseguim que no es refredi, ja que a la mateixa safata es conserva millor l'escalfor.

# *Pollastre de festa major*

✔ ***Ingredients***

1 pollastre trossejat
100 g de pernil salat, a trossos petits
llard
vi blanc
1 ceba

✔ ***Preparació***

Salem el pollastre, el fregim en llard i el posem en una olla de fang. En una paella a part ratllem una ceba grossa i la fregim. De sal en posem poca ja que el pernil que posem ja és salat. Afegim el pernil i li donem un tomb. Tot seguit l'incorporem a l'olla juntament amb un got de vi blanc i una mica d'aigua. Deixem que bulli fins que quedi tou. Tastem si està bé de sal i ja ho tenim.

*Plat típic de la Bisbal d'Empordà.*

# *Pollastre al forn*

✔ ***Ingredients***

pollastre
herbes aromàtiques (farigola, sajolida...)
1 llimona
pebre negre
1 poma per persona
sal i oli

✔ ***Preparació***

Tallem el pollastre a la mida que tinguem per costum. El salpebrem i li tirem el suc de la llimona a més de l'oli i li esmicolem les herbes aromàtiques per sobre. El deixem unes hores a macerar; si és a l'estiu el deixem macerar a la nevera. A l'hora de coure'l, el posem en una safata per al forn i per sobre li tirem un raig del suc que tenim del macerat. Als costats de la safata hi posem les pomes senceres, sense pelar, únicament rentades. També el podem coure al grill. Quan estigui a mig fer donem la volta als talls per assegurar-nos que quedi ben cuit pertot arreu.

# *Pollastre amb samfaina*

### ✔ *Ingredients*

1 pollastre tendre
ceba
tomàquet
pebrot verd
pebrot vermell
alls i julivert
albergínia
carbassó
oli o llard
sal
pebre negre
sucre

### ✔ *Preparació*

Tallem el pollastre a trossos (de cada quart fem quatre trossos) i el salpebrem. El fregim amb oli o llard i el reservem. Amb l'oli sobrant, un cop colat, hi sofregim la ceba tallada a la juliana i el pebrot. Ratllem força tomàquet i el coem amb sal, sucre, pebre i un parell d'alls tallats. Deixem que arrenqui el bull tot remenant procurant així que no s'enganxi. Quan ja tenim a mig coure el tomàquet i les verdures (pebrot, albergínia...) tirem el pollastre ja fregit i deixem que cogui tot plegat una estoneta. Tastem de sal i deixem que cogui de nou fins que el pollastre sigui tou. Apaguem el foc i deixem que reposi.

Si el fem el dia abans que ens l'anem a menjar, és recomanable que quan l'anem a escalfar hi afegim una mica d'aigua, així no s'enganxa, o bé l'escalfem al forn.

# *Pollastre amb xampinyons*

### ✔ *Ingredients*

1 pollastre
500 g de xampinyons
50 g de mantega o oli
1 cullerada de farina
1 got de vi blanc sec
el suc d'una llimona
julivert
pebre negre
sal
ametlles (opcional)

### ✔ *Preparació*

Fem el pollastre a talls i els enrossim en una cassola o en una paella amb la mantega o l'oli. Afegim una cullerada de farina perquè s'enrosseixin encara més els talls. Aboquem el vi blanc, la sal i el pebre negre. Tapem la cassola i deixem que es cogui el pollastre. Per una altra banda netegem el xampinyons; si són petits els posem sencers i si són grossos els tallem. Els tirem el suc de la llimona per sobre. Quan el pollastre està gairebé cuit li incorporem els xampinyons a la cassola i els deixem uns 10 minuts. Trinxem el julivert. Si es vol també podem fer una picada d'ametlles i tirar-la per sobre i ja ho podem servir.

# *Peus de porc*

### ✔ *Ingredients*

peus de porc tendres (si és possible del davant)
tomàquet
oli i sal
julivert
ceba
ametlles torrades
1 llimona
3 fulles de llorer
farina blanca

### ✔ *Preparació*

Posem els peus de porc dins d'una olla grossa —ja que han de bullir molta estona i han d'estar amples—. Hi posem les fulles de llorer, la pell de la llimona i una mica més de sal que la que cal. Ho tenim bullint d'1 a 2 hores. Quan veiem que estan tous els traiem del foc i els deixem en una escorredora. En una paella grossa amb força oli fregim els peus enfarinats, que cobrim amb una tapadora per a evitar que esquitxin. Un cop estan ben rossos els guardem a part. Amb el mateix oli de fregir els peus, però colat, fregim la ceba ben petita i quan estigui rossa li tirem una mica de tomàquet. Posem els peus de porc dintre de la cassola i els cobrim d'aigua. Deixem que arrenquin el bull. Li afegim la picada feta amb els alls, les ametlles torrades, el julivert i un pols de sal, i ho deixem coure una mica. Després d'apagar el foc fem un allioli per tirar-lo pel damunt o bé podem servir-lo a part.

# Galtes de porc amb mongetes

### ✔ Ingredients

galtes de porc amb os o sense
cansalada viada
mongetes
ceba
tomàquet
alls i julivert
aigua o el suc de fer bullir les mongetes
sal i oli

### ✔ Preparació

Posem el dia abans les mongetes en remull. L'endemà s'esbandeixen i les posem així al foc, procurem fer-les bullir molt a poc a poc per intentar que no es desfacin. Les deixem refredar en el mateix suc perquè així queden més senceres i tenen més bona presència. En una cassola una mica fonda enrossim la cansalada ben daurada, però procurant que no se'ns cremi i la guardem en un plat a part. Fem el mateix amb les galtes. Colem l'oli i amb aquest mateix enrossim una o dues cebes. Després hi tirem el tomàquet, l'all i el julivert, tot ben petit. A la cassola hi posem una mica del suc de les mongetes. Incorporem les galtes i ho deixem que tot en conjunt faci xup-xup. Ho servim calent acompanyat de les mongetes.

# *Cap de senglar*

### ✔ *Ingredients*

1 tros de morro
1 tros d'orella
2 o 3 llengües
1 ventre
1 porro
2 pastanagues
api
farigola
sal
pebre negre

### ✔ *Preparació*

Tallem el morro, l'orella i les llengües tant petit com sigui possible, i amb tot ben barrejat omplim el ventre tant com puguem fer-ho. A continuació cosim els forats. Agafem una cassola o una olla on hi posem totes les verdures trossejades i el ventre ja cosit. Fem que l'aigua ho cobreixi i quan arrenqui el bull el deixem a foc baix. Ho deixem bullir cap a tres hores aproximadament, ben a poc a poc. El punxem amb una agulla i quan comprovem que ja està cuit tanquem el foc i el deixem que es refredi en la mateixa aigua. El guardem a la nevera.

# *Ossobucco amb salsa i cebes*

### ✔ *Ingredients*

*ossobucco*
oli i sal
mantega
1 llimona
1 ceba grossa
cebetes
2 o 3 pastanagues
3 tomàquets
herbes (farigola, sajolida i llorer)
vi blanc sec o de taula
brou de carn o aigua
alls i julivert
farina blanca
pebre
ametlles (opcional, si fem picada)

### ✔ *Preparació*

Agafem els talls d'*ossobucco* i fem un tallet pel cantó a l'amplària perquè al fregir el tall la carn no s'encongeixi. En una paella escalfem oli. Passem els talls per farina blanca i els fregim. Un cop fregida la carn, la guardem a part. Colem l'oli i sofregim una ceba grossa. Després afegim els tomàquets partits per la meitat, les pastanagues trossejades, les herbes i la raspadura de llimona. A continuació tornem la carn a la cassola. És igual que ens quedi un tall sobre l'altre, ja que només es tracta que la carn es cogui, ja la posarem bé més endavant. Tirem el vi blanc, el brou o l'aigua i una mica de pebre. Tapem la cassola i deixem que cogui aproximadament 1 hora, fins que la carn estigui tova. Posem cebetes a bullir amb poca aigua, la justa perquè les cobreixi, amb una mica de mantega, unes gotes de suc de llimona i sal. Agafem l'oli sobrant de fregir la carn, colat, i saltegem les cebetes, que guardem per a guarnició. Traiem la carn de la cassola i la posem en una de més gran per tal que, ara sí, els talls quedin bonics i ben posats. Traiem les herbes del suc i ho triturem tot procurant que quedi molt ben colat. Després ho tirem per sobre la carn i les cebetes, que ja tindrem repartides per sobre. Espolsem per sobre una mica de julivert picat, i si volem es pot fer una picada. És un plat de bona presentació i molt bo, però ens l'hem de menjar quan estigui ben calent.

## *Cap de llom a la sal*

### ✔ *Ingredients*

1 tros sencer de cap de llom
2 quilos de sal
pebre negre
suc de llimona

### ✔ *Preparació*

Posem un quilo de sal en una safata del forn. Empebrem el tros de llom i el posem damunt de la sal. Amb l'altre quilo de sal el cobrim del tot. Seguidament li tirem el suc de la llimona per sobre. Introduïm la safata en el forn calent durant 1 hora aproximadament. Si convé, a mig coure el tombem de l'altre costat. Ens el podem menjar tant calent com fred i s'aguanta bo a la nevera durant molts dies.

## *Ametlles garapinyades*

### ✔ *Ingredients*

1 tassa d'ametlles
1 tassa de sucre
2 tasses d'aigua
1 raig de conyac

### ✔ *Preparació*

Posem el sucre i l'aigua en una cassola gran de terrissa. Quan bulli li tirem les ametlles (sense la closca però amb la pell) i les deixem que bullin fort. En un moment determinat les ametlles es queden sense aigua, aleshores sols queda el sucre. Remenem contínuament perquè no es cremin. Quan el sucre queda enganxat a les ametlles tirem el raig de conyac. Continuem remenant fins que el sucre comenci a fondre's un altre cop. Quan les veiem lluentes les tirem per sobre del marbre de la cuina i les separem una a una per deixar-les refredar. Una vegada estiguin fredes les guardem dins d'un pot de vidre. Es conserven durant molt de temps.

# *Bombons o trufes de xocolata*

✔ ***Ingredients***

250 g de xocolata de fondre
150 g d'ametlles pelades crues
1 de got de llet, crema de llet o de nata
fideus de xocolata
1 copeta de conyac (opcional)

✔ ***Preparació***

Fonem la xocolata al bany maria o al microones. Un cop s'hagi fos li afegim la llet o la nata segons el que ens vagi de gust. Triturem les ametlles i ho barregem tot remenant-ho a consciència (si posem conyac l'afegim ara). Després ho posem a la nevera i ho deixem reposar fins que quedi consistent. Llavors fem unes boles petitetes amb la mà i les arrebossem amb els fideus de xocolata, que col·loquem amb paperinetes de paper individuals per guardar-les a la nevera. Les podem guardar molts dies perquè es conserven bones durant prou temps.

# Braç de gitano

✔ ***Ingredients***

125 g de farina
125 g de sucre
5 ous
raspadura de llimona
20 g de llevat
oli o mantega
sucre llustre

✔ ***Preparació***

Folrem una safata del forn amb paper d'alumini i la untem amb oli o mantega. Arrangem els rovells d'ou amb el sucre i la raspadura de llimona. Li tirem la farina amb el llevat, tot remenant, i després li afegim les clares a punt de neu. Mentre muntem les clares a punt de neu tenim el pot amb la pasta tapat, ja que el llevat vol poc aire per poder créixer. Després ho tirem tot a la safata i obtenim una capa fina de mig centímetre aproximadament i la tenim al forn durant uns 10 minuts. Quan traiem la safata del forn posem la pasta damunt d'un drap moll i ben escorregut. Li posem a sobre el farcit que ens agradi (nata, xocolata...) i ho enrotllem, així queda la típica forma de braç de gitano. Finalment l'empolsinem amb sucre llustre per sobre.

*Per Nadal es farceix amb xocolata i es fa el tronc de Sant Silvestre. Es serveix la nit de Cap d'Any.*

## Bunyols de vent

### ✔ Ingredients

1 litre de llet
200 g de farina
140 g de mantega o margarina
6 ous
raspadura de llimona
1 pols de sal
1 pols de sucre

### ✔ Preparació

Posem la llet al foc juntament amb la mantega, el pols de sal i el pols de sucre. En el precís moment que arrenqui el bull, tirem la farina i apaguem el foc. Afegim la raspadura de llimona (veurem que queda un xic agrumollat) i seguim remenant fins que quedi el més fi possible. Ho deixem refredar i, a continuació, afegim els ous sencers un a un. Al començament veurem que ens costa molt, però si els seguim remenant comprovarem com aconseguim que quedi una pasta fina. Omplim d'oli una cassola fonda o una fregidora i amb una cullereta tirem petites porcions de massa de bunyol.

Si està ben remenada la massa, els bunyols es donen la volta ells mateixos. Convé que en posem pocs cada vegada, ja que augmenten molt de mida i massa junts no es podrien girar. Després els espolsem amb sucre fi o sucre mòlt.

## *Carquinyolis*

### ✔ *Ingredients*

400 g de farina
2 ous
175 g d'ametlles crues sense pell
250 g de sucre
raspadura d'una llimona
1 culleradeta de bicarbonat
2 cullerades d'aigua
oli

### ✔ *Preparació*

Escalfem el forn. Posem la farina fent un volcà damunt del marbre de la cuina juntament amb el sucre, les ametlles, la raspadura de la llimona, el bicarbonat i les cullerades d'aigua. Ho pastem tot i hi anem afegint els ous, rovell i clara, d'un en un. Ho treballem bé fins que la pasta no se'ns enganxi a les mans. Fem quatre o cinc barretes d'uns 2 cm o més d'amplària i les posem al forn en una plata untada amb molt poc oli. En uns minuts aquestes barretes creixen; no les traiem però fins que no tinguin un color dauradet, aleshores les apartem de seguida i les tallem a biax amb un ganivet elèctric o bé amb un ganivet que talli fi per fer les llesques ben primes. Molt ràpidament les tornem a posar una altra vegada al forn, ja que per dins no estan cuites. Les anem traient a mesura que veiem que ja han assolit el seu punt.

Són pura artesania. Quan estiguin freds els carquinyolis els podem guardar en una capsa metàl·lica. S'aguanten bé molt de temps.

## *Coca a l'instant*

✔ ***Ingredients***

2 ous
125 g de farina
125 g de sucre
1 raig d'oli
raspadura de llimona
1 raig de Cointreau
1 sobre de llevat
2 clares muntades
1 raig de llet
pinyons i/o fruita confitada (opcional)

✔ ***Preparació***

Barregem el sucre i els dos rovells remenant-ho a consciència. Afegim l'oli, el Cointreau, la raspadura de llimona, el llevat, la llet i també ho fem tot remenant. Tirem la farina en forma de pluja, així és més fàcil que ens quedi ben barrejada. Afegim les clares d'ou muntades, sense remenar-les massa. Posem el forn ben fort durant 7 o 8 minuts. Després, si volem posar-hi pinyons o fruita confitada és ara l'ocasió, ja que d'aquesta manera no s'ensorren cap dintre. Després abaixem el foc fins que estigui cuita. Un cop freda, aquesta coca la podem obrir per la meitat i posar-hi una mica de melmelada d'albercoc o simplement amb una mica de sucre per sobre. Té moltes sortides i és molt senzilla de fer.

## *Coca de Llavaneres*

### ✔ *Ingredients*

pasta de full (ja preparada)
crema consistent (tipus crema catalana)
ous
sucre
pinyons

### ✔ *Preparació*

Abans de res posem el forn a escalfar. Estirem la pasta de full i la dividim en dues peces. A la primera li posem la crema per sobre. Seguidament cobrim la crema amb l'altra pasta. Muntem una o dues clares d'ou segons sigui de grossa la coca. Li barregem els rovells i li tirem sucre, a gust de cadascú, però a poc a poc. Un cop ben barrejat, ho tirem per sobre de la coca i, finalment, li posem els pinyons per sobre. Introduïm la coca al forn durant mitja hora aproximadament. Un cop cuita, la deixem refredar. Queda molt vistosa i dauradeta.

*La pasta de full la venen ja preparada a les tendes amb una mesura predeterminada; per tant només hem de decidir com la volem de gran i tallar-ne el tros desitjat. Per això mateix la resta d'ingredients els posem en funció de la mida de placa de full que triem.*

# *Coca de Sant Joan i Sant Pere*

✔ ***Ingredients***

***Per a fer la coca***

la bola de llevat que acabem de fer
275 g de farina
75 g de sucre
50 g de llard
50 g de mantega o margarina
2 ous
raspadura de llimona
oli

***Per a fer el llevats***

15 g de llevat de forner
100 g de farina
aigua calenta

✔ ***Preparació***

Fem un petit volcà amb la farina i li incorporem el llevat. Li afegim l'aigua calenta a poc a poc (la quantitat justa per a fer que el llevat es desfaci) i ho pastem tan bé com ens sigui possible. Fem una bola, a la qual li marquem una creu. La tapem amb un drap i la deixem dins del forn apagat perquè no li toqui l'aire. Quan aquesta bola hagi doblat el seu volum ja podem començar a fer la coca.

Barregem la bola de llevat que ja tenim preparada amb la resta d'ingredients (excepte l'oli). Un cop estigui tot ben pastat, la posem en una plata pel forn untada amb oli i una mica de farina perquè no s'enganxi. La pintem amb aigua per sobre, és a dir, la humitegem pel damunt una mica amb un pinzellet. La deixem reposar unes 2 hores a dins del forn apagat. Quan veiem que ha doblat de volum la traiem i la guarnim amb fruita confitada i pinyons, segons el gust de cadascú. Aleshores la posem al forn, procurant que aquest estigui molt calent, durant uns 30-35 minuts. Punxem amb una agulla i si surt neta és que ja està cuita. L'anem vigilant i, quan porti uns 20-25 minuts de forn, abaixem la intensitat del foc. Queda més bona si posem sucre per sobre la fruita.

## *Compota de poma*

✔ ***Ingredients***

aigua
poma
sal

✔ ***Preparació***

Pelem les pomes i els traiem les granes. Les tallem i les bullim amb un xic de sal. Escorrem les pomes sense llençar el suc i les triturem. Si queden massa espesses els hi podem afegir una mica d'aigua del bullit. Queda amb una consistència com de melmelada. Ho servim d'acompanyament amb la carn.

## *Castanyes*

✔ ***Preparació***

La manera de coure les castanyes és la següent: agafem les castanyes i els fem un tall a cadascuna. A continuació les espolsem amb aigua perquè suïn. Per coure-les ho fem amb flamarada. Per guardar l'escalfor, les tapem amb un sac o un paper de diari fins a l'hora de menjar-nos-les.

# *Confitura de cabell d'àngel*

## ✔ *Ingredients*

carbassa de cabell d'àngel
sucre
1 tros de canyella
1 peladura de llimona
1 raig de licor Cointreau

## ✔ *Preparació*

Esberlem la carbassa tirant-la contra el terra i llavors traiem les granes que es puguin. Seguidament en una olla grossa posem els trossos de la carbassa juntament amb la pell, ja que és millor que l'hi traguem després per tal d'aprofitar més els fils del cabell d'àngel. Ho bullim cobert d'aigua una bona estona, fins que amb una cullera puguem treure els fils de les corfes. D'aquesta manera posem tota la polpa a escórrer, procurant que quedi poca aigua. Traiem les granes que han quedat, tots els fils de la carbassa i decantem la pell. Agafem la cassola de terra i li posem l'aigua i el sucre i deixem que es desfaci. Després ja podem tirar-li la carbassa, la peladura de llimona i la canyella, i ho deixem bullir remenant-ho sovint. Perquè no s'enganxi ho bullim una estona fins que s'hagi begut tota l'aigua i quedin els fils sols. Apaguem el foc i li tirem un raig de Cointreau. Deixem que es refredi a la mateixa cassola i quan sigui fred ja podem omplir els pots amb la confitura que acabem de fer (millor en pots petits).

*Una manera de calcular quina és la proporció dels ingredients és posant per cada quilo de polpa de carbassa, 800 grams de sucre i un gotet d'aigua mitjà.*

# *Confitura de codony*

✔ ***Ingredients***

codonys
sucre
pela de llimona
aigua

✔ ***Preparació***

Pelem els codonys i els traiem les granes. Fem els codonys a talls i els posem en una olla a bullir. Quan estiguin cuits, quan ja quedin tous, apaguem el foc. Els escorrem una bona estona, fins i tot millor si els deixem escorrent tota la nit, perquè convé que no quedi gens d'aigua.

Per fer la confitura de codony ho fem en una cassola de terra. Triturem els codonys i, per cada quilo de codonys bullits, posem 800 grams de sucre i un got d'aigua. També hi posem la pela d'una llimona i deixem que bulli tot plegat. Remenem constantment procurant que no s'enganxi. Quan ja estigui molt espès i el color quedi molt bonic, apaguem el foc i deixem que es refredi. Després, un cop freda, si posem la confitura en pots de boca ampla resulta més fàcil posar-hi cullerada.

## *Confitura de roses*

### ✔ *Ingredients*

225 g de roses vermelles o rosades
1,5 kg de sucre
3,5 gots d'aigua
3 cullerades de suc de llimona

### ✔ *Preparació*

Tallem les roses a primera hora del matí, abans que surti el sol, quan encara conserven la rosada de la nit. Les roses d'aquelles que són grosses i que queden molt descloses, com les del tipus d'abans; no ens serveixen les d'hivernacle, ja que no tenen aroma. Rentem les roses passant-les per un colador a raig d'aixeta. Bullim els pètals amb aigua fins que quedin blancs. Aleshores afegim el sucre a foc baix i sense tapar. Remenem de tant en tant. Quan veiem que va quedant el xarop i sembla que vol fer escuma li afegim el suc de llimona. Després esperem que arrenqui el bull i apaguem el foc.

Ara deixem que es refredi i ho posem en pots de vidre i els guardem de cap per avall. Si veiem que ens queda molt espessa podem afegir una mica aigua i fer-li arrencar el bull altre cop. Un cop freda queda bastant espessa.

# *Confitura de taronja*

### ✔ *Ingredients*

1 quilo de taronges
800 g de sucre
aigua
1 raig de licor Cointreau
1 pell de llimona
1 canó de canyella

### ✔ *Preparació*

Aquesta confitura la fem amb taronges mitjanetes i procurem que tinguin la pell tan fina com sigui possible. Les posem en una olla on l'aigua les cobreixi i les fem bullir 3 minuts. Deixem que l'aigua es refredi i les tornem a fer bullir 3 minuts més, i així fins un total de tres vegades. En un bol gran tallem les taronges a rodanxes o a talls, procurant que no perdin gaire suc. Un cop tallades les pesem juntament amb el suc que han desprès, per tal de calcular la quantitat de sucre que hem de posar-hi. La proporció és de 800 g de sucre per cada quilo de taronja i suc. Posem una cassola amb un got o dos d'aigua, segons el suc que hagin desprès les taronges, i li tirem el sucre corresponent. Ho escalfem fins que bulli i es desfaci el sucre. Afegim les taronges a la cassola i ho remenem sovint procurant que no s'enganxi. Li tirem la pell de la llimona i la canyella. Quan les taronges estiguin transparents i l'aigua s'hagi evaporat traiem la cassola del foc. Quan se li apagui el bull li tirem el raig de Cointreau remenant-ho bé, i després ho tapem i deixem que es refredi. Un cop fred distribuïm la confitura en pots de vidre, que guardem de cap per avall per comprovar si n'hi ha que respiren. Si veiem que en respira cap l'hem de consumir aviat. Els altres els podem arribar a guardar molt de temps, fins i tot, de dos anys a tres.

## Confitura de tomàquet

***✔ Ingredients***

tomàquets madurs
sucre
1 llimona

***✔ Preparació***

La proporció és que per cada quilo de tomàquets hi posem mig quilo de sucre. Escaldem els tomàquets per treure'ls la pell. Posem el sucre, els tomàquets, el suc de la llimona i la seva raspadura dintre d'una cassola de terra. Remenem amb una cullera de fusta contínuament durant uns 35 minuts. Deixem que es refredi i ja podem posar-la en pots de vidre, que posem de cap per avall com s'explica a la recepta de la confitura de roses.

## Crema de Sant Josep

***✔ Ingredients***

8 rovells d'ou
300 g de sucre
1 litre més 2 dl de llet
40 g de midó
1 canó de canyella
1 pell de llimona

***✔ Preparació***

Posem al foc 1 litre de llet amb la canyella i la llimona. Quan arrenqui el bull la traiem del foc i la colem. Batem els rovells dels ous amb el sucre i deixem el midó amb els 2 dl de llet freda. Barregem la llet calenta amb els ous, el sucre i el midó i la posem al foc. La posem a coure a foc ben baix, tot remenant-la fins que comenci a espessir-se. Anem amb compte que la crema no arribi a bullir. Per últim, la tornem a colar perquè no quedi cap grumoll, la posem en una plata fonda i li traiem la canyella i la llimona per deixar-la refredar.

# Crema catalana

**✔ *Ingredients***

1,1 l de llet
8 rovells d'ou
300 g de sucre
40 g de midó de coure
1 branca de canyella
canyella en pols (opcional)
1 pell de llimona

**✔ *Preparació***

Posem al foc 1 litre de llet amb la canyella i la pell de llimona. Quan comenci a arrencar el bull la traiem del foc. Seguidament la colem. Batem els rovells d'ou amb el sucre. Desfem el midó amb 1 dl de llet i procurem que aquesta mica de llet sigui freda per no fer grumolls. Barregem la llet calenta amb els ous, el sucre i el midó, posant-ho a foc ben baix i remenant-ho contínuament. Quan comenci a espessir-se procurem que no arrenqui el bull. La traiem del foc i tot seguit la posem en cassoletes petites o una plata grossa. Esperem que sigui freda i, arribat el moment de servir-la, la podem cremar amb un ferro calent, tirant per sobre sucre i un polset de canyella. Per fer la mescla utilitzarem una cullera o pala de fusta, a ser possible nova, ja que la crema és molt delicada.

## Crema de meló

**✔ Ingredients**

1 meló gros
1 iogurt de llimona

**✔ Preparació**

Triturem la polpa del meló i li afegim el iogurt. El servim ben fred en copes amples, amb unes tallaruques de pernil per damunt.

## Crema de llimona

**✔ Ingredients**

45 g de mantega
2 llimones
250 g de sucre
3 ous
1 cullerada rasa de farina de blat de moro
1 got petit d'aigua

**✔ Preparació**

Acostem la mantega al foc perquè es desfaci i li afegim: el sucre, el suc de les dues llimones, la raspadura d'una d'elles i els tres ous sencers. Incorporem a la mesura d'aigua la farina de blat de moro fins que quedi tan desfeta com sigui possible. Seguidament ho barregem amb la mescla anterior. Després ho posem al foc sense deixar de remenar-ho fins que arrenqui el bull. Tant bon punt comenci el bull, ho retirem del foc i ho continuem remenant uns moments. A continuació passem la crema per un colador no massa fi i ja la podem posar a una safata o a unes cassoletes individuals. Finalment ho deixem refredar i ho guardem a la nevera, procurant guardar-ho tapat.

# *Flam*

✔ ***Ingredients***

1 litre de llet
8 rovells d'ou
4 clares d'ou
10 cullerades de sucre
1 pell de llimona
vainilla en pols

✔ ***Preparació***

Bullim la llet amb una mica de pell de llimona i vainilla. Després la deixem refredar una mica. Batem llavors els rovells i les clares d'ou amb el sucre fins que ens resulti una barreja esponjosa. Afegim ara la llet a poc a poc sense deixar de batre en cap moment. Colem aquesta barreja. Posem 3 cullerades de sucre en un motlle per a flam i l'escalfem perquè es desfaci; procurem que les parets del motlle quedin recobertes de caramel. Tirem la barreja dins del motlle i la posem al bany maria. Així coem el flam dintre del forn graduat a mitja potència. L'aigua no ha d'arribar a bullir mai, si cal li afegim aigua freda per evitar-ho (a l'aigua cal posar-hi una closca d'ou). La cocció ha de durar una mitja hora.

Per comprovar si el flam està cuit, el punxem amb una agulla de fer mitja i mirem que surti seca. Per acabar el deixem refredar i el desemmotllem sobre un plat.

# *Flam de pinya*

### ✔ *Ingredients*

1 pot de quilo de pinya en almívar
1 pot de crema de llet o nata líquida
2 paquets de gelatina de llimona
sucre

### ✔ *Preparació*

Obrim el pot de pinya i posem el suc en un recipient que posem de seguida a escalfar sense que arribi a bullir. Li afegim els dos paquets de gelatina de llimona i ho remenem fins que estigui ben desfet. Tanmateix barregem la crema de llet o nata líquida i, seguidament, incorporem la pinya i ho triturem tot plegat. Posem sucre fos en un motlle rodó o de flam, de la mateixa manera com quan es fa un flam tradicional. Afegim la barreja a dins del motlle. Ho introduïm al bany maria dins del forn 20 minuts aproximadament, segons la potència del forn. Punxem amb un escuradents o una agulla de fer mitja per saber quan està cuit. Deixem que es refredi i ho posem a la nevera. El servim fred.

# *Flam de suc de taronja*

### ✔ *Ingredients*

1 litre de suc de taronja
2 cullerades de farina de blat de moro
6 ous
250 g de sucre
4 o 5 cullerades de sucre per al fons del motlle

### ✔ *Preparació*

Abans de res fonem les cullerades de sucre i les posem recobrint el fons del motlle. Mentrestant, encenem el forn perquè vagi agafant la temperatura adequada. A continuació posem el suc de taronja en un pot i en reservem una mica per desfer les cullerades de farina de blat de moro procurant que quedi sense cap grumoll. Un cop desfeta la farina ho incorporem a la resta del suc i ho posem al foc. Sense parar de remenar esperem que comenci a arrencar el bull; llavors parem el foc i ho deixem refredar. Ara batem els ous i els afegim a poc a poc al pot. Ho posem tot al motlle que ja tenim preparat amb el sucre cremat. Agafem una cassola gran d'alumini amb aigua i fem que cogui al bany maria dins del forn a temperatura mitjana, on el tindrem uns 40-45 minuts. Per últim, per tal de saber quan està, el punxem amb una agulla o vareta.

A l'aigua del bany maria hi posem una closca d'ou, ja que d'aquesta manera no esquitxa l'aigua.

# *Lioneses*

✔ ***Ingredients***

1 litre de llet
200 g de farina
140 g de margarina o mantega
raspadura d'una llimona
6 ous
un pols de sal
un pols de sucre
sucre llustre (opcional)

✔ ***Preparació***

En primer lloc escalfem el forn. En segon lloc posem la llet al foc i li barregem la margarina o la mantega —segons el que haguem triat— fins que es desfaci. Quan arrenqui el bull tirem la farina tota d'un cop. Queda molt espès i tot enganxat, per això mateix ho remenem bé amb una cullera de fusta. Raspem la llimona a sobre i tirem un pols de sal i un pols de sucre i tornem a remenar. Quan estigui gairebé fred, trenquem els ous d'un en un, remenant cada vegada.

En una plata de forn posem pilonets de pasta fins a omplir-la. La posem al forn quan aquest està ben calent fins que la pasta pugi i estigui enrossida. Si quan la traiem del forn es panseix és senyal que no està cuita i cal tornar-la a posar a dintre el forn una mica més. Quan les lioneses estan fredes les podem obrir pel mig i farcir-les de nata, xocolata o crema. A l'hora de servir-les podem tirar-hi sucre llustre per sobre.

*Hem de tenir present que si fem servir margarina la cobertura quedarà més daurada, ja que amb la mantega queda més fosca.*

# *Llengües de gat*

✔ ***Ingredients***

150 g de farina
150 g de mantega o margarina
150 g de sucre fi
3 clares d'ou
vainilla en pols

✔ ***Preparació***

En un recipient barregem la farina, el sucre i mitja culleradeta de vainilla en pols. Li afegim a poc a poc la mantega o margarina fosa, tot treballant la pasta amb la batedora —manual o elèctrica—. Muntem les clares a punt de neu fort i les afegim a la pasta sense barrejar-la massa perquè no baixin. Encenem el forn i el graduem a temperatura forta. Preparem una mànega de pastisser amb la broca llisa i no massa gruixuda. Untem una llauna de pastisseria amb mantega i li col·loquem la pasta a tires d'uns 6 cm de llarg i no massa juntes (uns 5 cm de distància) perquè les llengües puguin créixer quan es coguin. Posem la llauna al forn quan aquest sigui ben calent i coem els pastissets molt de pressa; els retirem del forn quan comencin a agafar color. Els traiem de la placa sense deixar-los refredar per evitar que es trenquin.

*Hem de tenir present que si fem servir margarina la cobertura quedarà més daurada, ja que amb la mantega queda més fosca.*

## *Magdalenes*

***✔ Ingredients***

400 g de farina
400 g de sucre
3 ous
1/2 got d'oli
1 got de llet
1 sobre de llevat
raspadura de llimona
vainilla en pols
1 copeta d'anís

***✔ Preparació***

Treballem els rovells amb el sucre fins que ens quedi una pasta fina. Afegim la farina, l'oli, la llet, el llevat, l'anís, la vainilla en pols i la raspadura de llimona. Aleshores tapem el pot amb un drap de cuina. Muntem les clares a punt de neu i les afegim a la pasta. Amb la barreja resultant omplim els motlles de paper especials per a magdalenes però sense omplir-los del tot, ja que la pasta puja molt. També posem un pols de sucre per sobre de cada magdalena abans.

Un cop cuites les podem guardar en una capsa metàl·lica.

## *Mantegades*

### ✔ *Ingredients*

1 kg de sucre
1 kg de llard
2 kg de farina
canyella en pols

### ✔ *Preparació*

El sucre, el llard i la farina els posem damunt del marbre i ho pastem força estona, així l'escalfor de les mans ajuda a fondre el llard i tot plegat es barreja millor. Ho treballem bé fins que quedi una pasta compacta. Aplanem la pasta amb un corró i amb un motlle la tallem fent les formes que ens agradin. Amb un got, per exemple, ho podem fer, i així aconseguim les formes rodones que són les tradicionals. Posem les mantegades al forn, prèviament escalfat, i les deixem fins que comencin a prendre color, però no gaire. Un cop cuites no les traiem de la safata fins que s'hagin refredat, així tenen més consistència. Ja fora del forn les empolsinem amb canyella en pols.

Podem fer guarniments de Nadal amb algun paper retallat, segons l'esperit artístic de cadascú.

## *Mousse de maduixa*

✔ ***Ingredients***

250 g de maduixes
125 g de sucre llustre
250 g de nata
3 fulls de gelatina
*Decoració: maduixes i fulles de menta*

✔ ***Preparació***

Agafem les maduixes i, un cop netes, les passem pel passapuré. Afegim el sucre i remenem amb un batedor rodó. Tot seguit posem els fulls de gelatina amb una mica d'aigua freda i els desfem al bany maria. Després ho ajuntem amb les maduixes i per últim posem la nata. Ho podem fer en un motlle de flam d'uns 14 cm o 6 de petits de tipus individual. Cal tenir present, però, que el motlle s'ha d'humitejar abans d'utilitzar-lo per tal que quedi bé. Tanmateix, per completar la presentació ho podem decorar amb unes maduixes i unes fulles de menta posant-hi una mica d'imaginació.

## *Gelat de llimona*

✔ ***Ingredients***

1 litre d'aigua
6 llimones grosses
250 g de sucre
4 clares d'ou

✔ ***Preparació***

Bullim l'aigua amb el sucre durant uns 10 minuts. Ho deixem refredar i li afegim el suc de les sis llimones. Les clares d'ou les muntem a punt de neu. Aleshores ho barregem tot i ho deixem al frigorífic durant 1 hora. Després ho traiem i ho tornem a remenar i, seguidament, ho posem al congelador perquè es faci dur.

# Pa de pessic de pinya

**✔ *Ingredients***

125 g farina
125 g sucre
3 ous
1 paquet de llevat
1 llauna petita de pinya en almívar
nata
maduixes
oli de gira-sol

**✔ *Preparació***

Barregem els rovells i el sucre en un pot. Seguidament afegim la farina, el llevat i un raig de suc de pinya en almívar. Tallem la pinya a talls petits, els afegim a la pasta i tapem el pot una estona. Muntem mentrestant les clares a punt de neu i les afegim també. Ho remenem amb molt de compte perquè no se'ns desmuntin. Untem el motlle amb oli de gira-sol i li tirem un pols de farina. Posem la pasta en el motlle i ho posem al forn uns 40 minuts a uns 170-180° C. Cada 20 minuts aproximadament anem abaixant el foc. Quan ja estigui cuit desmuntem el pa de pessic i el deixem que es refredi. El presentem guarnit amb nata i maduixes triturades.

Té molta presència i és molt bo.

## *Pa sec per postres*

✔ ***Ingredients***

pa sec
ous
3 copetes de rom
3 cullerades de sucre
oli
sucre

✔ ***Preparació***

Tallem el pa sec en forma de melindros i els posem en rengle en una safata. Per sobre els tirem rom, sucre i els rovells d'ou remenats, sense la clara. Els hi donem la volta perquè quedin xops i ofegats. Escalfem oli en una paella, fregim els melindros remullats i els anem posant en una safata. Els servim empolsats de sucre.

## *Peres en almívar*

✔ ***Ingredients***

peres
sucre

✔ ***Preparació***

Pelem les peres i les partim per la meitat, traient-los el cor i les granes. Per cada quilo de peres posem 800 g de sucre. En un bol gran barregem els talls de les peres amb el sucre. Deixem que reposin unes 12 hores tapades. Traiem les peres i el suc que hagin deixat i el posem al foc fins que quedi un almívar. Quan bulli tirem les peres i les deixem bullir uns 2-3 minuts (poc perquè no es desfacin). Deixem que es refredin. Posem les peres en pots de vidre i un cop plens tirem l'almíval fins que les cobreixi. Com sempre, guardem els pots de cap per avall per si algun pot no ha quedat ben tancat. Els guardem en un lloc fosc i fresc.

# Pastís de pinya

**✔ Ingredients**

75 g mantega
125 g sucre roig (de canya)
6 rodanxes de pinya
300 g farina
250 g sucre blanc
2 sobres de llevat
1 pols de sal
1 ou
125 g margarina
2 dl llet
1 pols de vainilla

**✔ Preparació**

Encenem el forn graduat a 220° C. En un pot hi posem la farina, el llevat, el sucre blanc, el pols de sal, l'ou, la margarina, la llet i el pols de vainilla. Ho fem tot ben barrejat. Procurem remenar-ho força estona amb una cullera de fusta. Tapem la pasta amb un drap de cuina i seguidament en un altre pot hi barregem la mantega i el sucre roig fins que quedi tot desfet. Si convé podem escalfar-ho acostant-ho al foc perquè es desfaci. Preparem un motlle rodó on aboquem aquest sucre desfet amb la mantega i li posem les rodanxes de pinya de manera que quedin posades una al mig i les altres al voltant. Tirem la pasta dintre del motlle, a sobre de la pinya, i ho introduïm al forn durant uns 40 minuts. Sabem quan està cuit punxant-lo amb un escuradents. Un cop cuit ho deixem reposar uns 5 minuts. Li donem la volta i esperem 5 minuts més per a desemmotllar-lo. Les rodanxes de pinya ens han de quedar a la part de sobre. Ho podem guarnir de la manera que més ens agradi.

# *Pastís de poma*

### ✔ *Ingredients*

4 o 6 pomes
6 ous
1 iogurt natural
175 g de sucre (2 mesures de iogurt)
200 g de farina (3 mesures de iogurt)
1 sobre de llevat
raspadura de llimona
suc de llimona
mantega

### ✔ *Preparació*

Per començar batem els rovells d'ou juntament amb el sucre, el iogurt, la farina i les clares a punt de neu. Ho barregem tot i li afegim el sobre de llevat. Això ho deixem reposar procurant tapar el pot amb un drap de cuina. Mentrestant pelem les pomes i les tallem a trossos en forma de mitja lluna tan primes com sigui possible. Per sobre dels talls de poma aboquem el suc de llimona perquè no ennegreixin. Prenem un motlle rodó, d'uns 24 cm de diàmetre i que sigui una mica alt, així el pastís tindrà més gruix. Posem capes de pasta i de poma tallada alternativament. Finalment a sobre posem una mica de mantega i un pols de sucre. Procurem tenir el forn ben calent i llavors hi posem el pastís durant 25-30 minuts. Després li abaixem una mica la potència, però no massa, ja que cal que tingui escalfor perquè costa molt de coure. S'ha de tenir al forn gairebé 1 hora en total.

Per saber com està per dintre el punxem amb una agulla de fer mitja, ja que queda molt alt per fer una bona comprovació amb qualsevol altre utensili. Quan l'agulla surti neta voldrà dir que ja està a punt.

# *Pastís de Sant Jordi*

## ✓ *Ingredients*

125 g sucre
125 g farina
1 raig de Cointreau o anís
ratlladura de llimona
1 sobre llevat
1 raig d'oli
1 raig de llet
2 ous

### *Guarniment per fer les quatre barres*

crema molt espessa (pot ser de sobre preparat)
1 pot de melmelada de maduixa ben vermella

## ✓ *Preparació*

Posem el sucre en un pot, li afegim el dos rovells d'ou i ho barregem tot. Incorporem a la mescla l'oli, la llet i el licor, a més de la ratlladura de llimona; i ho remenem bé. Tirem la farina, si ens és possible, en forma de pluja, ja que queda molt més esponjosa. Afegim el llevat i tapem el pot amb un drap de cuina. El deixem reposar el temps de muntar les clares d'ou, que afegim remenant molt suaument. Mentrestant encenem el forn perquè estigui ben calent a l'hora d'introduir-hi el pastís. El pastís el coem durant 7 o 8 minuts. El més fort que puguem però tenint en compte de no obrir-lo. Com que puja molt aleshores abaixem el foc lentament. Normalment triga uns 25-30 minuts a coure's, però cada forn té una temperatura diferent que cal tindre present si no volem que es cremi. Per saber si està al punt punxem la base amb una agulla i en cas que surti neta és que ja està bo per treure'l del forn, però si surt amb pasta enganxada és que li falta una mica. El deixem refredar fora del forn i després el tallem amb la forma de l'escut de Catalunya. Amb la crema i la melmelada de maduixa fem les quatre barres.

Segur que ens queda bé i presumirem de postres per Sant Jordi.

# *Pastís de Sant Valentí*

✔ ***Ingredients***

1 iogurt natural
6 ous
175 g de sucre (2 mesures del iogurt)
200 g de farina (3 mesures del iogurt)
1 sobre de llevat
raspadura de llimona

✔ ***Preparació***

Batem els rovells d'ou amb el sucre i el iogurt, i li afegim la raspadura de llimona. Tirem la farina i després el llevat sense deixar de remenar. Tapem seguidament el pot amb un drap de cuina i encenem el forn ben fort. Muntem les clares a punt de neu, que incorporem a la massa i l'aboquem a continuació en un motlle untat amb oli. El coem durant uns 10-15 minuts a foc fort i després l'abaixem gairebé a la meitat de la potència en què el teníem. Quan estigui rossa la massa la punxem amb una agulla de fer mitja per veure si està cuit. Quan estigui fred el tallem en forma de cor i el guarnim a gust de cadascú.

# *Pastís de xocolata*

### ✔ *Ingredients*

4 ous
1 got de llet
1 got d'oli petit o mig dels grans
1 got de sucre
1 got de xocolata en pols
1 got de farina
1 sobre de llevat
1 copeta de conyac

### ✔ *Preparació*

Escalfem el forn mentre preparem la mescla d'ingredients. Primer que res agafem els ous i separem les clares dels rovells. Tot seguit barregem els quatre rovells amb el sucre, la llet, l'oli, la xocolata en pols, el conyac, la farina i el llevat. Ho remenem tot intensament fins que quedi molt fi i després afegim les clares muntades a punt de neu. Posem la pasta en un motlle rodó i l'introduïm al forn a foc fort durant 1 hora aproximadament i, cada 15 minuts anem baixant la intensitat. Aquest pastís puja molt, però li costa de coure per la pesadesa de la xocolata.

# *Panellets*

## ✔ *Ingredients*

500 g d'ametlla crua triturada (sense pell)
400 g de sucre
2 rovells d'ou
150 g de patata bullida calenta
vainilla ensucrada en pols
1 g de *cremotarto* (es ven a les farmàcies)
pinyons
essències de sabors (opcional. Es ven en adrogueries)

## ✔ *Preparació*

Bullim la patata i en calent l'aixafem juntament amb el sucre, que es desfà al moment. Li afegim l'ametlla i ho pastem tot plegat. Hi tirem un polset de vainilla i el cremotarto; d'aquesta manera ja podem fer les boletes o les formes diferents que vulguem, al gust de cadascú. Abans de fer els panellets hi podem afegir a la massa essències del sabor que més ens agradi. Passem les boletes primer per rovell d'ou batut amb un xic d'aigua i, després, pels pinyons. Procurem que els pinyons quedin també una mica envernissats d'ou.

Podem fer formes creatives: rodones, en forma de bolet, allargades, amb una ametlla sencera, una cirereta, xocolata, confitura... Si al pastar la massa queda massa forta hi afegim un rovell d'ou més i problema resolt.

## Panellets de pastanaga i coco

✔ *Ingredients*

250 g de pastanagues
100 g de coco ratllat
100 g de sucre fi o llustre
fideus de xocolata

✔ *Preparació*

Un cop bullides les pastanagues, les aixafem i les barregem amb el coco i el sucre. Amb la pasta resultant fem unes boletes —els panellets— i les arrebossem amb coco ratllat, fideus de xocolata o sucre granat, etc. Cada panellet el posem en motlles de paper, però aquest cop no cal coure'ls al forn. Això sí, els guardem a la nevera.

## Préssecs en almívar

✔ *Ingredients*

préssecs forts
aigua
sucre

✔ *Preparació*

Partim els préssecs per la meitat i els traiem el pinyol. Posem els talls de préssec ben posats dins d'un pot de vidre. Per cada quilo de préssecs posem 800 g de sucre. Agafem un pot i posem aigua, seguidament desfem el sucre deixant-lo bullir uns 5 minuts. Amb aquesta aigua ensucrada omplim els pots on tenim els talls de préssec a dintre. Els tapem i els bullim al bany maria uns 6-8 minuts. Deixem que es refredin dins de la mateixa aigua en què han bullit. Els traiem i els guardem en un lloc fosc i fresc. Posem els pots cap per avall per si algun ha quedat mal tancat i així saber quins hem de consumir tan aviat com sigui possible.

# *Plum cake*

### ✔ *Ingredients*

250 g de farina blanca
150 g de mantega o margarina
125 g de sucre
3 ous
1 sobre de llevat
1 raig de Cointreau o rom
1 raig de llet
panses de Corint
fruita confitada
1 pols de sal

### ✔ *Preparació*

Encenem el forn per tal que es vagi escalfant. Posem les panses a remull en aigua tèbia i a continuació barregem amb la mantega un xic desfeta, el sucre i el pols de sal. Ho remenem una estona fins que quedi una massa compacta. Afegim els ous d'un en un, després la farina, el llevat, la llet i el raig de licor. Seguidament tapem el pot amb un drap de cuina. Entretant tallem la fruita confitada. Arribats a aquest punt escorrem les panses, que barregem amb la fruita i les enfarinem. El següent pas és que ho ajuntem amb la massa, però sense remenar massa. Aboquem la massa en un motlle rectangular i l'introduïm al forn. Els primers 10 minuts a foc viu i després ho abaixem una mica durant 30-40 minuts més. Per saber si està cuit el punxem amb una agulla de fer mitja. És més bo si ens el mengem completament fred.

## *Semi gelat de llimona*

✔ ***Ingredients***

5 iogurts
1/2 pot de llet condensada
raspadura de llimona
suc de 3 llimones mitjanes

✔ ***Preparació***

Ho barregem tot a consciència i ho posem a la nevera. Si ho preparem el dia abans que tinguem previst degustar-lo, encara queda més bo.

## *Torradetes de Santa Teresa*

✔ ***Ingredients***

pa (a ser possible llonguet)
llet
vainilla i/o canyella en rama
ou
oli
sucre

✔ ***Preparació***

Tallem el llonguet a llesques d'un dit de gruix. Fem arrencar el bull a la llet amb la canyella o la vainilla i llavors la deixem refredar. Suquem les llesquetes en la llet i les deixem reposar una mica. Després passem les llesques per ou batut i les fregim amb oli ben calent fins que quedin daurades. Finalment les posem en una safata i li tirem sucre granat per sobre. Són molt bones.

## *Torró de crema*

✔ ***Ingredients***

1/2 quilo d'ametlles crues triturades sense pell
1/2 quilo de sucre fi
10 rovells d'ou, sense clara
raspadura de llimona

✔ ***Preparació***

Posem en un bol que sigui fondo o en una cassola igualment fonda l'ametlla i el sucre. Li afegim els rovells d'ou i ho remenem una bona estona, uns 20-25 minuts, amb una cullera de fusta. Un cop ben remenat posem la pasta en un motlle rectangular i el deixem que reposi.

Una estona abans de menjar-nos els torrons és aconsellable tirar-los un pols de sucre i un pols de canyella. Per a aquest menester posem un ferro de crema al foc tan calent com sigui possible i els cremem. Queden molt bons.

## *Torró de massapà*

✔ ***Ingredients***

1 quilo d'ametlles crues triturades
1 quilo de sucre fi
2 patates mitjanes
2 cullerades de suc de llimona
fruita confitada variada

✔ ***Preparació***

Bullim les patates. Quan estiguin encara calentes les tirem damunt del sucre. Mentre les aixafem el sucre s'anirà desfent. Li afegim les ametlles triturades i el suc de llimona. Anem remenant-ho procurant que quedi tan fi com sigui possible. Agafem un motlle rectangular i li posem unes cireretes partides per la meitat i d'altres fruites confitades, segons els gustos. Deixem que reposi uns dies i ja estarà.

# *Torró de pinyons*

✔ ***Ingredients***

500 g d'ametlles triturades
400 g de sucre
sucre de vainilla (poc)
2 ous
150 g de patata
cireretes confitades
cabell d'àngel
pinyons

✔ ***Preparació***

Bullim la patata i la barregem amb el sucre quan estigui ben calenta i sense suc, fins que amb l'escalfor faci com un almívar. Incorporem l'ametlla i una mica de sucre de vainilla. A la massa resultant li posem els dos rovells d'ou. Aplanem la massa i fem com un braç de gitano que farcim de cabell d'àngel i unes cireretes. Aleshores l'enrotllem i el passem per ou i aigua (poca) i pels pinyons, i el posem al forn, fins que els pinyons quedin daurats.

## *Tronc de Sant Silvestre*

### ✔ *Ingredients*

***Base del tronc***
100 g de farina
100 g de sucre
4 ous
1 sobre de llevat

***Cobertura del tronc***
200 g de xocolata negra de fondre
5 ous
3 cullerades de crema de llet
20 g de mantega
2 cullerades de whisky
75 g de sucre

***Xarop***
100 g de sucre
10 cc d'aigua
2 cullerades de whisky

### ✔ *Preparació*

Per a la base del tronc barregem el sucre amb els rovells d'ou. Afegim la farina i el llevat i tapem el pot. Mentrestant muntem les clares a punt de neu i les afegim al pot. Engeguem el forn perquè es vagi escalfant. Procurem no remenar-les gaire, però que quedin juntes amb la massa. Agafem una safata per al forn i li posem un paper pastisser untat amb una mica d'oli. Estenem la pasta i la posem al forn. El fornegem durant uns 10 minuts perquè queda molt prima i tenint-la poc temps evitem que se'ns cremi. La traiem del forn i la deixem que es refredi una mica, però tampoc gaire. L'enrotllem amb un drap moll perquè així no se'ns trenqui. Quan sigui freda del tot, la desenrotllem i li tirem el xarop, que fem posant a bullir l'aigua, el sucre i el whisky fins que el sucre sigui fos (poca estona) i ja tenim fet el xarop.

Per a la cobertura del tronc posem a fondre la xocolata i li anem afegint els rovells d'ou i la resta dels ingredients. Fem així una crema espessa que tirem per sobre del tronc i amb una forquilla li fem unes ratlles imitant l'escorça del tronc. Després el guarnim amb fulles de boix grèvol i unes cireretes vermelles confitades. També a gust de cadascú li podem tirar sucre en pols com si fos neu.

## Aigua de pa i arròs

✔ ***Ingredients***

- aigua
- arròs
- marialluïsa
- 1 tros de pa sec
- 1 pela de llimona

✔ ***Preparació***

Fem bullir l'arròs amb un tros de pa sec i la pela de llimona. Quan estigui bullit li tirem unes branques de marialluïsa i ho deixem que reposi tot plegat una estona. Colem aquesta aigua i la posem en un gerro a la nevera.

Aquesta aigua té una durada de 2 a 3 dies, però és millor beure-se-la acabada de fer. Resulta molt adient per als dies de calor, sobretot si ens sentim indisposats de la panxa.

## Refresc de llet condensada

✔ ***Ingredients***

- 4 iogurts naturals
- 1 litre d'aigua
- 4 boles de gelat de vainilla
- 8 cullerades de llet condensada

✔ ***Preparació***

Barregem tots els ingredients amb la batedora elèctrica i ho deixem refredar a la nevera.

## *Orxata de xufla*

✔ ***Ingredients***

xufles
aigua
sucre
pela de llimona

✔ ***Preparació***

Posem les xufles en remull el dia abans. Les triturem juntament amb la pela de llimona i una mica d'aigua. Colem el suc i afegim més aigua fins que quedi com si fos llet. Aboquem el sucre —al nostre gust— i ho deixem a la nevera. Si ho preferim també podem fer-la sense sucre i d'aquesta manera aconseguim una orxata apta per a diabètics. Quan anem a beure-nos-la és millor que estigui ben freda i, a ser possible, acabada de fer, ja que no es pot guardar a la nevera massa dies.

## *Sangria*

✔ ***Ingredients***

vi negre dolç del Priorat
préssec fort, a talls
suc de taronja
suc de llimona
sucre
Cointreau
glaçons

✔ ***Preparació***

Fem el préssec a talls i el barregem amb tota la resta d'ingredients en una gerra. Ho deixem una estona a la zona més freda de la nevera (no al congelador). Podem guarnir la gerra amb les peles de la taronja i de la llimona.

# *Ratafia del Montseny*

✔ ***Ingredients***

1 litre d'anís
2 mesures de marialluïsa
2 mesures de nepta
2 mesures de tarongina
1 mesura de tres classes de menta
1 tros de canyella
1 nou moscada
3 nous verdes
matafaluga
grana de ginebró

✔ ***Preparació***

Agafem una garrafa de 4 o més litres que tingui la boca ampla i, a ser possible, de color fosc o folrada. Dins la garrafa hi posem tots els ingredients. Si l'anís és sec afegim uns 200 g de sucre; però si l'anís és dolç no cal. La nou moscada la partim per la meitat i les nous verdes les aixafem. Les nous són les que donen el color al licor juntament amb les herbes. Ho deixem a sol i serena uns 40 dies i cada dia ho remenem amb una cullera de fusta. Passats els 40 dies, coem el licor amb un colador fi dins d'ampolles, a ser possible de color perquè no li entri la llum.

*La millor època de l'any per a preparar la ratafia és entre el juliol i l'agost, i l'hem de consumir passats tres o quatre mesos. Com més temps té és molt millor.*

# *Refresc de xíndria i pinya*

***✔ Ingredients***

1 xíndria
1 pinya
1 ampolla de sidra
4 cullerades de sucre
1 llimona
glaçons
1 ou (opcional)

***✔ Preparació***

Traiem l'escarrotxa de la xíndria i li tallem la polpa a talls petits. Fem el mateix amb la pinya. Li afegim el sucre i el suc de la llimona. Ho guardem en un bol al frigorífic durant una mitja hora. Després ho triturem i ho colem. El suc resultant el barregem amb la sidra. Ho servim ben fred, adornat amb glaçons triturats. Si volem guarnir els gots podem batre una clara d'ou, mullar la vora del got amb ella i a continuació arrebossar-la amb sucre que queda enganxat.

# *Tisana de cava*

***✔ Ingredients***

2 ampolles de cava
1 ampolla de vi blanc sec
1 ampolla d'aigua mineral
1 copeta de Cointreau

***✔ Preparació***

Ho barregem tot i ho servim molt fred, tan senzill com això.

## *Xarrupet de llimona*

✔ ***Ingredients***

200 g de sucre
1/2 got d'aigua
suc de llimona (6 petites o 4 grans)
suc de taronja (1 o 2)
4 clares d'ou

✔ ***Preparació***

Fem bullir l'aigua i el sucre uns 3 o 4 minuts.

Quan s'hagi refredat ens quedarà un almívar molt consistent. Un cop fred li afegim el suc de llimona i ho posem 1 hora al congelador. Posem les clares d'ou a punt de neu i les afegim al suc de llimona i l'almívar. Ho tornem a posar al congelador i ho anem remenant de tant en tant amb una cullera de fusta. Costa molt que es congeli i és recomanable anar-ho remenant regularment. Se serveix amb copes planes o llargues.

# *Xarrup de llimona II*

**✔ *Ingredients***

2 pells o raspadures de taronja
1 pell o raspadures de llimona
1 got de suc de taronja
1 got de suc de llimona
1 got de sucre
1 got d'aigua

**✔ *Preparació***

En un pot hi barregem l'aigua i les raspadures o les pells. Ho bullim durant uns 10 minuts. Seguidament ho colem. Un cop colat ho tornem a posar al foc i li afegim el sucre, ho deixem bullir uns 7 minuts a foc baix. Apaguem el foc i ho deixem refredar. Quan estigui fred li tirem el suc de taronja i el de llimona, ho remenem i ho posem al congelador. Al cap d'unes hores ho remenem amb una forquilla i comprovem que no queda compacte, ja que queda millor mig congelat. El podem servir en copes fondes o planes.

# Glossari

***Al dente***

Consisteix en treure del foc la pasta que estem preparant quan tot just s'ha cuit però encara està dura i que es deixa reposar uns 2 minuts. Aquesta manera de cuinar la pasta és la pròpia de la seva terra originària, Itàlia.

***Atuell***

Un atuell no és sinó un pot qualsevol d'aquells que es poden tapar.

***Borreguet***

És un dolç semblant al carquinyoli però sense ametlla i amb matafaluga. Aquest dolcet és típic del Vallès.

***Broca***

També se'n diu *boquilla*. És el motlle que s'acobla a la mànega de pastisser per tal de vessar el contingut que li posem tot fent figures diverses, ja que poden tenir diferents models que permeten fer infinitat de presentacions.

***Cassola cocotte***

Se'n diu així d'una cassola fonda, ampla i amb tapadora, que normalment és de terrissa.

***Mànega de pastisser***

És una mena de bosseta que normalment és de tela (encara que també n'hi ha de plàstic) i on posem la mescla que ens vingui de gust per tal de decorar un determinat plat i aconseguir així una presentació diferent.

***Pa llonguet***

És un pa llarg i una mica aigualit.

***Paella de tipus valencià***
Aquella rodona que té dues anses.

***Paper pastisser***
També dit *de pergamí*. És un paper una mica apergaminat que es fa servir per posar-lo al forn o al microones, ja que no és nociu encara que s'escalfi. Resulta fàcil de trobar a qualsevol supermercat.

***Petricó***
És el nom d'una mesura que equival a 1/4 de litre.

***Picada***
És una barreja que es prepara al morter i que forma part de molts plats i els ingredients bàsics de la qual són: ametlles, pa torrat, pa normal, julivert i xocolata. Tanmateix s'afegeixen d'altres coses segons el plat que anem a cuinar i li convingui.